朝日文左衛門と歩く名古屋のまち

Asahi Bunzaemon

大下武
OSHITA Takeshi

ゆいぽおと

朝日文左衛門と歩く名古屋のまち

大下　武

はじめに　―愛すべき朝日文左衛門氏―

尾張藩士朝日文左衛門重章《しげあき》（一六七四～一七一八）と連れだって、名古屋の町を散策しようと思う。彼の肩書は「一〇〇石取り、御城代組《ごじょうだいぐみ》同心、御畳《おたたみ》奉行」と一見いかめしいが、解きほぐせばさほどのことはない。最初の「一〇〇石取り」は家禄で、朝日家が藩からいただいている禄高、家の格づけにあたる。多いに越したことはないが、よほどの手柄でもないかぎり代々の家禄が増えることはない。父の定右衛門重村《しげむら》も、同じ禄高であった。

一〇〇石取りは一〇〇石もらえると思ったら間違いで、一〇〇石とれる土地の知行権を藩から預かっているだけのこと、朝日家の場合は佐屋《さや》街道の烏森《かすもり》の手前にある長良《ながら》村と、稲沢市にある野崎村あわせて一〇〇石とれる土地を預かっており、それぞれの土地からの年貢米（玄米）が彼の実収入となる。年貢の率を「免」といい、四ツ免なら収穫の四割が年貢で、「四公六民」と同じ意味になる。

つぎの「御城代組同心」は「御城代」直属の部下のこと、要するに「お城の警備役」である。城代は、藩主が国元にいないとき留守を預かる職で、石川・志水・渡辺の三家から臨時に任じられたが、寛永三年（一六二六）以降二名常置になった。文左衛門のころの御城代は「沢井三左衛門（天和元～元禄八）―冨永兵右衛門（元禄八～宝永六）」と「滝川彦左衛門（延宝三～元禄六）―井野口六左衛門（元禄六～宝永五）」である。ふつうは家老が務めるが、尾張藩では一〇〇〇～二〇〇〇石の大番頭《おおばんかしら》か用人クラスからの起用だった。万治二年（一六五九）以降は家老（年寄）同列の扱いとなり、以後城代家老と呼ばれるようになった。

　つぎの「御畳奉行」は聞き慣れない名だが、寛永年間にはじめて置かれた奉行職で、城内外の畳を差配する仕事。文左衛門で四人目（元禄一三〜享保三）だが、その後一人が任命されただけで、享保八年には廃止されている。ちなみに父の定右衛門は初代の「天守鍵奉行」（延宝三〜元禄七）に任じられ、こちらの職種は明治まで残った。いずれも一〇〇石取りから任命される最低ランクの奉行職である。それでも御畳奉行になったことでお城警備の輪番制から解放され、別に役職手当の四〇俵を支給された。これが馬鹿にならない。

　家禄の一〇〇石は当時の免が「三ツ半（三割五分）」程度として実収三五石。手当のほうの四〇俵は三斗五升入り俵として一四石、合計約五〇石で、一石一両に換算すれば五〇両、一両が仮に一五万円とすると年収は約七五〇万円になる。いまなら中流家庭であろう。

　家族は両親に妻と子供二人の六人、召使たちが二、三人、貸与された五〇〇坪の屋敷地には広い庭があり、その一角で野菜も作った。しかし魚介類や鳥肉や調味料は購入したし薪炭代が加わる。衣類は買うし、付き合いが広いから外食や慶弔費も馬鹿にならない。そして何よりも酒好きだった。とくに強いわけではなく、『日記』にしばしば「吐逆」の文字が見つかる。当時は酒の質も悪かった。

　元禄六年（一六九三）、文左衛門は数えの二〇歳で結婚し、翌年暮れに家督を継いだ。年明けの一六日に「御本丸御番」として初出勤、部下に足軽七名がいるから「お城の警備係長」といったところ、しかし勤務は「月に三回（宿直）」で、とにかく暇である。小人閑居するとロクなことはないが、彼の場合幸いだったのは父重村がなかなかのインテリで、藩を代表する学者天野信景《さだかげ》、小出晦《かい》哲《てつ》、吉見幸和《こうわ》らと親交があり、その交誼《こうぎ》を引き継いだ。他に一〇名余の好学の士を加えて「文会《ぶんかい》」

というサークルができ、これには真面目に出席した。しかし彼は向学心より好奇心が勝っていて、弓、鑓《やり》、鉄砲にはじまり兵法剣術、居合《いあい》、居物《すえもの》、俰《やわら》などおよそ考えつく武芸百般に手を出し、唯一モノになったのは弓の師匠朝倉忠兵衛の娘と結ばれたこと、それも一〇年余りで破綻した。

修業が不得手な人間は、ときに趣味の世界で開花する。彼の芝居狂いは趣味の範囲を越え、一端《いっぱし》の演劇評論家だった。はじめて操《あやつ》り（人形浄瑠璃）を観たのが一九歳の初夏。それから四年後、熱田で松本治太夫《じたゆう》が語る「弁慶京土産」を観たあと、「岡本文弥の泣き節を学んで中々上手《うま》いが、竹本義太夫とは位がちがう」と評するまでになった。魚釣りの格好で両親の眼を欺き、また深編み笠で顔を隠し、芝居小屋に通い詰めた成果なのである。

近松、竹本のコンビと同時代に生きた文左衛門は、そのせいか「心中物」が大好きで何処々々《どこどこ》で心中事件があったと聞くと、もうじっとして居られない。自宅（東区主税町太閤本店）を南に下った飯田町の養念寺門前で事件が起きたときは「理介は、女を引き寄せ一刀刺し、己も喉を突きて息絶えぬ……女は息絶えず、手足びくびくとしてあわれ也」とまるで見ていたように書き留め、翌日早起きして現場を見に行ったが「はや、人を入れず、残念」と記し、二〇日後の『日記』に「女は好きな瓜《うり》を一切れ喰い、終に死す」と締めくくっている。

江戸では五代将軍綱吉の「生類憐み令」が吹き荒れるなか、平気で鴨の肉を喰い、堀川をはじめ近郊の池で魚取り（殺生）に熱中した。勤務中の飲酒や川殺生を大目に見てきた藩だが、唯一厳しかったのは博奕《ばくち》の取締りである。

広小路通りの牢屋敷前に博奕打ち三人が晒《さら》され、文左衛門は友人と見物に出かけた。三人は賭場を開いていて贋金遣《づか》いの余罪もあり、晒しのあと斬罪に処せられ、首は獄門にかけられた。残った胴体は新刀の試物《ためしもの》に使われるが、三日後、文左衛門はこの三つの胴に再会した。場所は弓の名人星野勘左衛門の下屋敷で、錦通と武平町が交わる角にある。居物《すえもの》の師匠猪谷《いがや》忠四郎に引率された弟子たちと、星野邸で行われる「試物」の見学に来たのである。入門二カ月の文左衛門だが、師匠の「やってみるか」の誘いに応じ、渡された新刀で腿を斬りおとした。意気揚々と仲間に吹聴したのはよいが、食事を前にして思い切り吐き、息も絶え絶えに医者の世話になった。

　博奕の話に戻る。彼は同僚たちと隠れてやっていたらしい。元禄九年の正月以降、損得勘定を謎字で記した記事がつづき、夜を徹してのめり込んでいる。やがて藩から「諸士の内にも密々博奕仕り候者これ有るように風聞候条……堅く相慎み候ように申し付く」と家老名の停止令が出され、しばらくは大人しくした。この繰り返しだが、さいわい一度も手入れを受けなかった。母親も一時嵌《は》まったらしく「夜九つ（零時）過ぎまで〈ほうびき〉あり。母二貫負くる」と、一晩で一〇万円近くの損を記している。文左衛門にとっては最良の慈母だが、負けん気の強い女性でもあった。

　宝永六年（一七〇九）の暮れに娘の「こん」が、水野権平《ごんぺい》の息子久治郎に嫁いだ。水野家は瀬戸市北西部の水野村に勢力を張る土豪で、先祖は桓武平氏につながる。権平の祖父致重《むねしげ》が義直公に「狩りの御案内役」として召抱えられ、のちには御林《おはやし》奉行を兼任し水野代官にもなった。禄は切米《きりまい》三〇石から四〇石（知行換算一〇〇石）と少ないが、近隣に聞こえた名士の家柄である。残り八年の人生を考えれば、この頃が文左衛門の絶頂期といえよう。絶頂期のあとは下り坂しかなく、それもかなり急な坂道だった。

　正徳四年（一七一四）、父重村が八一歳で亡くなった。遺訓は酒を飲み過ぎるな、だった。翌年に母を失う。遺言はやはり酒の飲み過ぎを戒めるものだった。その翌年には将軍家継が四歳で没し、紀州の吉宗が八代将軍を継いで、尾張藩にも翳《かげ》が差した。

　文左衛門が二六年間休まず書き続けた『鸚鵡籠中記』は、吉宗の享保二年（一七一七）一二月二九日迄で、翌年の九月、文左衛門は四四歳の短《みじか》すぎる生涯を終えた。法名は「月翁了天居士《げつおうりょうてんこじ》」。曹洞宗善篤寺（大須門前町から昭和一七年千種区城山町へ移転）の永代回向帳《えいたいえこうちょう》に記されるが、墓石は見つからない。男児に恵まれず古田家より養子を迎えたが、それも短命に終わり「絶家」となった。

神坂次郎氏は、朝日文左衛門を「『鸚鵡籠中記』を書くためにだけ生まれてきたような男」と評する。そうに違いないが、江戸時代の一尾張藩士が描いた『日記』の世界は、いまなお多くの人を虜にしている。

ところで文左衛門の『日記』の世界を読み解くためには、日記に付きものの「日付と時刻」を知る必要がある。江戸時代の暦は太陽太陰暦であり、また時刻《とき》は、いまの「時計が示す時刻《じこく》」と大いに異なる。彼と連れ立って歩くためにも、まず互いに「待ち合わせの時刻」を確かめなければならない。

朝日文左衛門と歩く名古屋のまち　もくじ

第二章　火事と喧嘩

第三章　オオカミが出た

第一章　江戸時代「時刻」の不思議

江戸の時刻は二時間単位

江戸時代の「時《とき》（刻）」を今の「時刻《じこく》」に直す作業は、思いのほか厄介である。厄介な部分を端折《はしょ》り結果だけを示した本はたくさんあるが、きちんと論じた書は意外に少ない。管見では、平山清次著『暦法《れきほう》及時法』、橋本万平《まんぺい》著『日本の時刻制度』、浦井祥子《さちこ》著『江戸の時刻と時の鐘』であろうか。以下、諸氏の論を参考にしながら、江戸時代の時制を考えてみる。

現代は一日を二四等分した「一時間」を基準として動いている。分や秒刻みで働く忙しい人もいるが、基本は一時間である。一方の江戸時代は「子、丑……」の十二支名や「九《ここの》つ、八《や》つ……」の鐘の数で呼ぶ「一時《いっとき》（一辰刻《いちしんこく》、今の二時間）」が単位で、怪盗が「子《ね》の刻《こく》」（午前零時）に参上したり、五徳《ごとく》（鉄輪《かなわ》）を頭に被《かぶ》った女性が「丑三《うしみ》つ時《どき》」（午前二時〜二時半）に、神社の森で妙なことをしたりする。朝日文左衛門の日記『鸚鵡籠中記』にも、似た話が出てくる。

熱田「南新宮社」で丑の時参り

○頃日《けいじつ》（七日夜）熱田天王社（南新宮なり）前の鴨脚《いちょう》の木の下に、木偶人《でく》（木彫り人形）を委《す》つ。甚《はなは》だ美なる一女像《いちにょぞう》なり。縮緬赤白衣《ちりめんあかしろぎぬ》を以てこれを粧《よそお》う。大釘を以て遍身《へんしん》（全身）に貫《つらぬ》くなり。この後、渡辺監物《けんもつ》の妻、胎前にして死す。皆いう、監物、はじめ愛する所の妾《おんな》これを呪詛《じゅそ》せりと。この偶人《でく》はすなわち妾が為《な》せる所なり。のち妾を捕えて獄に附す（八寸釘七本身に打ちあり）。

（元禄一〇・四・二一）

とくに「丑三つ時」とは書いていないが、悪霊《あくりょう》鬼神の霊力が強くなるのは丑《うし》の刻《こく》（午前二時）とされ、「丑の時参《ときまい》り（午前一〜三時）」や「丑三《うしみ》つ参《まい》り（午前二時〜二時半）」が行われたのである。

渡辺監物は、妾の呪詛により身ごもった妻を亡くした。五寸（一五センチ）釘ならぬ八寸釘が七本とは凄《すさ》まじい。人形の捨てられていた南新宮社《みなみしんぐうしゃ》（祭神素戔嗚命《スサノオノミコト》）は天王《てんのう》社のことで、熱田神宮の境内摂社である。熱田の天王社といえば「天王祭（熱田祭）」が思い浮かぶ。天王とは牛頭《ごず》天王のことで、疫神《えきしん》、わかりやすく言うと疫病神《やくびょうがみ》である。この疫病神をまつると逆に厄病除けの御利益がある。そこで疫病の流行る夏どきに各地で「天王祭」が行われ、熱田の場合は六月五日である。牛頭天王は京都祇園の八坂神社の祭神で「祇園祭」ともいう。京都の八坂まで行かなくても、地元の津島神社が牛頭を祀り、天王祭りのとき巻藁《まきわら》船が出る。熱田も巻藁船を真似たが、堀川の汚染でダメになり、いまは境内の東門と西門に三六五個の巻藁提灯が灯される。

呪詛の現場が牛頭を祀る南新宮社と聞いて何となく納得できるのは、次の話があるからだ。

○牛頭天王は南の国へ嫁さがしに行く途中、蘇民将来《そみんしょうらい》の兄弟が住む村に到り、金持ちの弟に宿を乞うたが断られ、逆に貧乏な兄の家で快く粟飯《あわめし》を御馳走になった。年を経たのち牛頭は八人の王子を連れて帰る途、再び蘇民将来の兄の家に寄り、茅《かや》で輪を作らせ娘の腰に付けさせた。翌朝全ての村人は死んでいた。去り際に牛頭は自ら神であることを告げ、今後疫病の流行る時「茅の輪」が厄除けになることを教えた。

この話の原型は『備後国《びんごのこく》風土記』逸文《いつぶん》にある。逸文には「武塔神《むとうしん》」として登場するが、やがて牛頭となりスサノヲに変じた。当初茅の輪で助かるのは兄の娘一人だったが、のちに兄

南新宮社（左が大イチョウ、右奥が社）

の家族全体に及んだ。これがいま神社の厄除け催事「茅《ち》の輪くぐり」に繋がり、また八王子の信仰につながる。

牛頭天王は村を絶滅させる疫病であり、恐ろしい神である。恐ろしいものを無視したり排除しようとすると逆にひどい目に遭う。そこで崇め奉り、他の諸々の恐ろしいものへ睨みを利かせてもらう。かくして全国各地には天王を祀る神社がつくられ、大きな神社は境内社として天王系の神を祀った。伊勢神宮のお膝元の二見へ出かけたとき、ほとんどすべての家の玄関に「蘇民将来」の札が飾られているのを見て驚いたが、隣村に牛頭だけをまつる「松下社」があるのを知り、さらに驚いた。

いま、熱田神宮南門の大鳥居手前を右に折れると旧参道口がある。ここを進むと左手に不開門《あかずのもん》として知られる清雪門《せいせつもん》が、その手前右奥に西面して「南新宮社」本殿がある。平成四年に朱《しゅ》を塗り替えたから新しく見えるが、先の戦災で焼失をまぬがれた数少ない江戸時代の建物である。拝殿は失われ、その位置の北側に、クスノキにまじって二本のイチョウの巨木が聳《そび》えている。このイチョウが元禄の昔から立っていたか聊か覚束《おぼつか》ないが、朝日家の人たちもたびたび熱田社へ参詣しており、あるいは文左衛門にとって馴染《なじ》みのイチョウだったかもしれない。その幹に、人形が打ちつけられた。

高倉の森「丑の時参り」

もうひとつ、高倉社《たかくらしゃ》の話が『日記』に出てくる。こちらは正真正銘の「丑の時参《ときまい》り」である。

○頃日《けいじつ》高倉の社《やしろ》へ、夜の丑の時参りあり。これは桔梗屋半右衛門悪性《あくしょう》にて、妻を持ちながら伝馬町辺にて振袖と馴染み、とかく妻を出して、この女を納めんと固く約す。而《しか》して因循《いんじゅん》たり。女恨《うら》みて白帷衣《しろかたびら》に念珠《ねんじゅ》を手にかけ、吾《わ》が井の中へ身を抛《な》げんとせしを見出され本意を遂げず。男、この深志にいよいよ愛《め》で迷い、とかく妻に無理を申しかけて離別し、この女を納《い》れて妻とす。前妻大いに怒り、額に小鏡をあて、頭にわたをいただき、丑時《うしのとき》参りす。七日に満ちて、そのしるしにや、当妻狂い、口走ると云々。（宝永七・六・二三）

熱田区の高蔵町に熱田神宮の境外《けいがい》摂社「高座《たかくら》結《むすび》御子《みこ》神社」がある。金山総合駅から南へ一キロ、歩いて一五分だが、地下鉄名城線の西高蔵《にしたかくら》駅で下車すれば、東へ二〇〇メートルと近い。いまは北半分が高蔵公園（弥生時代の高蔵貝塚包蔵地）になっているが、江戸時代は全体が高蔵（倉）社で、「社地広く古木繁茂《こぼくはんも》し、遠望するにもいと尊く神《かみ》さびたり」（『尾張名所図会』）という景観だった。

『続日本後紀』承和二年一二月条に「尾張国の日割御子神《ヒサキノミコノ》・孫若御子神《ヒコワカミコノ》・高座結御子神《タカクラムスビミコノ》の三神はすべて名神《みょうじん》に預かり、いずれも熱田大神《アツタノオオカミ》の御児神《みこがみ》なり」とある。

熱田大神とは草薙剣を御霊代《みたましろ》として宿る天照大神《アマテラスオオカミ》のことで、天照の子の忍穂耳《オシホミミ》は「日割御子社」に、孫の天火明《アメノホアカリ》は「孫若御子社」に、曽孫《ひまご》の高倉下《タカクラジ》はここ「高座結御子社」に祀る。つまり三社が天照の「子―孫―曾孫」を順に祀っているわけで、前二者は神宮の境内摂社で規模も小さいが、境外に飛び出した「高座結御子社」は独立して広大な森を占めた。曾孫は子や孫よりもかわいいらしい。この高座社では「子育て」が強調され、四月三日の子預《こあず》け祭、六月一日例祭の「子供獅子《こどもじし》」、七月土用入りの「井戸覗《のぞ》き」（虫封じ）など、子育てにかかわる行事が広く知られている。いずれにせよ古くから都に知られ、式内社のうちでも社格の高い「名神大社《みょうじんたいしゃ》」であった。

高座結御子神社の境内

『鸚鵡籠中記』の記す丑の時参りは、離縁された前妻の復讐で、鬱蒼とした高蔵の森が選ばれた。ここにいう振袖《ふりそで》は「振袖新造《しんぞう》」の略で若い遊女の意味。桔梗屋の檀那は伝馬町《てんまちょう》の茶屋で働く若い女と懇《ねんご》ろになり、会うたびに囁《ささや》いた甘い言葉が、やがてのっぴきならない事態を招く。とうとう身投げ寸前かという修羅場に及び、ついに前妻を離縁し若い女を家に納れた。そこでいよいよ前妻の復讐だが、「額に小鏡をあて、頭に綿《わた》をいただき」と、時参りの格好が具体的に記されている。鏡はともかく、綿は白髪を模したのだろうか、地方によって小道具に違いがあるのかも知れない。しかし一週間たった満願の日に新妻を発狂させたのだから、恐るべき呪力である。

丑時参の図（鳥山石燕『今昔画図続百鬼』）

「こく」には注意

こうした呪詛が行われる「丑の時《とき》」や「丑の刻《こく》」は似ているが同じではない。「丑の時《とき》（刻）」は午前一時から三時、「丑の刻《こく》（丑三つ時、丑の三刻）」は午前二時を指す。しかし、「時《とき》と刻《こく》」は同じ文字を当てるだけに、読みを付さないかぎり区別がつかない。

「とき」は、「時・刻（剋・尅）」のほか「時刻《とき》、辰刻《とき》」の字をあてる。当てる字が多いのも、混乱の理由だ。橋本万平氏は「とき」に当てる漢字は奈良時代に「時《とき》」、平安時代から「刻《とき》」が加わり、のち併用されるようになったとされる（『日本の時刻制度』）。江戸時代は完全に混用されているが、しかしそれは、あくまで両者を「とき」と読んだ場合の話で、「刻《こく》」と読むと話は違ってくる。「刻」の訓読《くんよ》みは「きざむ」で、時間の経過を示す「時を刻む」以外に、「細かく刻む」意味があって、「一時《いっとき》（二時間）」の時間幅を分割するのに用いる。「丑《うし》の時《とき》（午前一時〜三時）」の二時間は幅があり過ぎるから、これを四半時《しはんとき》（三〇分）ずつに区切り、「丑《うし》の一刻《いっこく》（丑一《ひと》つ、午前一時）／丑の二刻《にこく》（丑二《ふた》つ、午前一時半）／丑の三刻《さんこく》（丑三《み》つ、午前二時）／丑の四刻《よんこく》（丑四《よ》つ、午前二時半）」と四つの刻《こく》に分割し、次の「寅《とら》の一刻《いっこく》（寅一《ひと》つ、午前三時）」へと繋《つな》ぐ。これを古代の時刻を定めた『延喜式《えんぎしき》』で見てみる。『延喜式』に「大雪《たいせつ》の日出《ひので》は、辰《たつ》の一刻《こく》二分《ぶ》／日入りは申《さる》の四刻《こく》六分《ぶ》」とある。これは「大雪の期間（一二月七日〜二一日）の日出は、辰（午前七時〜九時）の一刻（七時〜七時半）の二分（七時三分〜六分）、日入りは申（午後三時〜五時）の四刻（四時半〜五時）の六分（四時四五分〜四八分）」という意味だ。念のため『理科年表』調べると「大雪期間中（一二月一七日）の京都の日出は六時五八分、日入りは四時四七分」で、まあまあ合っている。

　奈良時代の四刻みが、江戸時代にはなぜか「上刻《じょうこく》、中刻《ちゅうこく》、下刻《げこく》」の三刻みになる。「午《うま》の時《とき》（午前一一時〜午後一時）」を例にとると、「上刻」は一一時になって間もなく、「中刻（正刻《せいこく》）」は真ん中で正午《しょうご》の一二時、「下刻」は午後一時の前あたりを指す。

　このように「刻」を「とき」でなく「こく」と読んで、「刻む」意味に使う場合が要注意である。時代考証家の林美一《よしかず》氏は、「一時《いっとき》と一刻《いっこく》はまるで意味が違う」とし、「丑の時《とき》は午前一時から三時だが、丑の刻《こく》は午前二時をさす」とされる。「丑の刻《こく》」とは「丑の（中《ちゅう》）刻《こく》」のことで、中が略されているが「或る一点を指す」用法なのである。一刻《いっこく》を争うという言葉も、「こく」だから成立するわけで、「一時《いっとき》（二時間）」では、誰も急がない。

奈良時代の四刻みでは「一刻〜四刻」を「一つ〜四つ」と呼び変え、「丑の三刻」を「丑三つ時」と呼んだりする。平安時代の古典などにも出てくる用例だが、江戸の「明け六つ」など、いわゆる数呼びとはまったくの別物なので注意を要する。

「丑三つ時」はいまの何時？

「草木《くさき》も眠る丑三つ時《どき》」は深夜の代名詞であり、ふつうは午前二時（または二時〜二時半）のこととしている。『枕草子』の「時を奏する話」に出てくる（岩波古典文学大系本より引用）。

○時奏《ときそう》するいみじうをかし。いみじう寒き夜中ばかりなど、ごほごほとごほめき、沓《くつ》すり来て、弦《つる》うち鳴らしてなん、〈何のなにがし、時丑三《うしみ》つ、子四《ねよ》つ〉など、はるかなる声に言ひて、時の杭《くひ》さす音など、いみじうをかし。〈子九《ここの》つ、丑八《や》つ〉などぞ、さとびたる人は言ふ。すべて、なにもなにも、ただ四つのみぞ、杭にはさしける。

清少納言は生没年不詳とされているが、藤原定子《ていし》（九七七〜一〇〇〇）と同時代だから西暦一〇〇〇年頃の宮中の「時《とき》（刻）」の話である。

宮中では夜警の武士が、亥《い》の一刻《いっこく》から寅《とら》の一刻まで（夜九時から夜明け三時まで）、一刻（三〇分）ごとに時刻を奏上する。まず「何処の誰《たれ》べえ」と自らを名乗り、続けて「丑の三つどき」と大声で呼ばわる。それを清少納言は「たいへん面白い」と興《きょう》がるのである。「寒い夜中」の「ごほごほ」は咳《せき》ではなく、どうやら木沓《きぐつ》の音らしい。魔よけの鳴弦《めいげん》（弦打《つるう》ち）の音も聞こえる。時の杭《くい》は、清涼殿《せいりょうでん》の庭に設けた「時の簡《ふだ》」にさす木釘《きくぎ》のことで、毎時の最終第四刻に挿《さ》したとある。

つぎの「〈子九つ、丑八つ〉などぞ、さとびたる人は言ふ」の箇所は、「貴族たちが〈子、丑の何刻〉と呼ぶのに対し、庶民はすでに太鼓や鐘の数で〈九つ、八つ〉と呼び始めていた」という解釈が多いが、橋本氏は「時鐘《じしょう》の数で時を表わすのは室町末以降」とされ、この箇所は伝写の途中に改変された可能性があるという。江戸の「数呼び」のハシリだったか意見の分かれるところである。子を「九つ」、丑を「八つ」と時鐘の数で呼ぶ「数呼び」は、「十二支呼び」より簡単なためやがて江戸では主流となるが、その経緯《いきさつ》は後述する。それにしても、『枕草子』のこの段、混乱を誘うかのように四刻分割の「〇つ」と時鐘の「〇つ」をつづけて載せており、罪作りである。

では『枕草子』の「丑三つ、子四つ」を、いまの時刻に読み替えると何時になるのか、これが問題で、岩波大系本の頭注には「丑の三刻は午前三時頃／子の四刻は午前一時半頃」とあるが、橋本氏はこれを「江戸の不定時法による時刻法を誤って中世に適用した」ためで、大きな誤りとされている。じつはこの点が、時制問題の混乱の源なのである。まず『広辞苑』を見てみよう。

【子（ね）】真夜中の十二時頃。また午後十一時から午前一時のあいだの時刻。

【丑（うし）三つ】丑の時を四刻《よんこく》に分かち、その第三に当る時《とき》。およそ今の午前二時から二時半。

さすが『広辞苑』は『延喜式』以来の時制を正しく説明しており、間違っていない。では橋本氏の言う混乱はどうして起きたのか。調べていくと、とんでもないことがわかってきた。

江戸時代にはもうひとつ「時の鐘から生じた一時間遅れの時制」があり、この二つが混同して用いられたのである。混同による混乱は、すでに江戸時代からはじまっていた。以下の解説を、注意しながら読んでいただきたい。

丑《うし》の時《とき》は、「午前一時〜三時」、これを四刻《よんこく》（①一時〜②一時半〜③二時〜④二時半〜）に分割した三つ目が「丑三つ」で、いまの「二時〜」だから、一見紛《まぎ》れようがないようにみえる。

ところが江戸時代になると、時刻を告げる鐘が庶民生活に入り込み、鐘の数で時刻を呼ぶようになった。これが曲者で、「丑の時《とき》」は鐘を八つ撞くので「八つ時《どき》」だが、問題は鐘を撞くタイミングと受け取る側の理解である。

八つの鐘を子《ね》から丑時《うしどき》へ入った直後（丑の上刻・いまの一時）に撞くか、二時間幅の真ん中（丑の中刻・丑三つ・いまの二時）に撞くかにより、一時間のズレが生じる。仮に鐘撞人《かねつきにん》が時計を持っていて正しく中刻に撞いたとしても、聞く側がそれを中刻（午前二時）と考えず、丑の上刻（午前一時）と受け取ってしまうと、実際より一時間のズレ（遅れ）が生じ、たとえばこんなことが起きる。

丑時《うしどき》の真ん中いまの〈午前二時〉に正しく八つの鐘が撞かれたとする。長屋の熊さんも八つぁんも「ああもう八つ時《どき》か」と目を擦《こす》りながらつぶやくが、かれらを現代に連れてくると、熊さんは「丑の中刻（深夜二時）」と認識しており、隣りの八つぁんは「丑の上刻（午前一時）」と考えている。八つ時の「真ん中」なのか「はじまり」なのかで一時間のズレが生じるが、幸い?なことに彼等は時計を持っていない。つぎの七つを聞いても等しくズレていくから、問題は起きない。二人に接触がなければ死ぬまでズレに気がつかないが、「待ち合わせ」をするとすぐにばれる。

二人が「丑三つ頃、南宮社のイチョウの木の下で会おう」とヘンな約束をしたとする。熊さんは八つの鐘を聞いて「しまった」と慌てて家を飛び出すが、八つぁんは「丑の一つか、あと半時《はんとき》（一時間）ある」とゆっくり支度をはじめ午前三時に南宮社に到着、気の短い熊さんは、もう何処にも居ない。先の『枕草子』の「丑三つ＝午前三時説」は、この八つぁんの理解なのである。『枕草子』が江戸に書かれたものなら、それもひとつの理解だが、平安時代では橋本氏のいう午前二時に軍配が上がる。因《ちな》みに多くの『枕草子』注釈本は、いずれも「午前二時」と注記している。

しかし「八つぁん流」解釈の擁護派もいる。林美一氏は「江戸時代では間違いどころか、一時間遅れの時制のほうが優勢だったかも知れない」とされる。たとえば「丑三《うし》つ」の対角線上にある「未《ひつじ》の三つ」は、お昼の「八つ時《どき》」にあたる。明治になり西洋時計が入ってきたとき、この「お八つ」の時間が午後二時ではなく三時とされたのは、一時間遅れの時制の方が普及していたからだ、というのである。したがって「江戸文藝に現れる時刻も、本当は一時間遅れの民間時刻で解釈すべき」と主張されるが、江戸後期ならともかく朝日文左衛門が生きた元禄期ではいささか躊躇をおぼえる。『鸚鵡籠中記』の世界では、やはり「丑三つ＝午前二時」説を前提としたい。それにしても同じ江戸時代に生きて、熊さん流・八つぁん流の異なる解釈が同居できたのは、不思議な話である。尤も不思議と感じるのは現代の我々で、江戸では十分生活できたと、考えるべきなのであろう。

江戸のお手本は『延喜式』のむかし

一日を「子の刻・丑の刻……」と十二（支）分割し、さらに「一時《いっとき》（二時間）」を「一つ、二つ、三つ、四つ」と四分割して合計「四八刻」と定めた。それぞれの時を告げる太鼓の数も、「諸時《しょじ》、鼓《こ》を撃《う》つ、子《ね》と午《うま》は各九つ、丑《うし》と未《ひつじ》は八つ……巳《み》と亥《い》は四つ」（巻一六・陰陽寮《おんようりょう》）と規定されており、これが江戸時代にそのまま踏襲されて、十二支名とは別の「九《ここの》つ時《どき》（刻）、八《や》つ時、七つ時……」という数え方が主流になった。江戸のお手本はとにかく古代の『延喜式』だったのである。

『延喜式』がなぜ「九つ」から始め「四つ」までを二度繰り返すことにしたのか、その理由がよくわからないらしい。子（九つ）から順に数を減らし、六番目の巳（四つ）まで来ると、つづく七番目の「正午」はまた九つとなる。よほどのワケでもあるのかと思うが、通説では「陰陽《おんよう》思想で九の数を神聖視するから、はじめの「子《ね》」と対角線上にある「午《うま》」の刻を九九《くく》の〈一《いん》×九《く》が九《く》〉で九《ここの》つ、次は〈二《に》×九《く》＝一八《じゅうはち》〉のひと桁だけをとり八《や》つ、六番目の巳は〈六《ろっ》×九《く》＝五四《ごじゅうし》〉で一の桁が四となり、四《よ》つとなった」（桜井養仙『漏刻説』一七四八年など）とする。橋本氏は「荒唐無稽に近い説だが、現在ではこれ以外の説明は見つかっていない」とさすがに物識り博士もお手上げである。

時の数の根拠はともかく、江戸幕府は九つから四つまでの「時《とき》の鐘《かね》」を全国で響かせるため、『延喜式』の時制を広めることに躍起となり、面白くも何ともない『延喜式』版本《はんぽん》（木版刷りの本）の全国普及に努めたのである。この時鐘《じしょう》の奨励策により、全国に梵鐘《ぼんしょう》の数はどんどん増して、元禄期にはついに三万口《こう》に達したという（平井澄夫『時計のはなし』）。

しかしこの『延喜式』の物真似は、実は大きな矛盾を抱えていた。『延喜式』の時制は現代と同じ《定時法《ていじほう》》だが、江戸時代は《不定時法》が優勢だったのだ。厳密には「定時法と不定時法の併存」（暦は公式には定時法、不定時法の採用は幕末の天保暦以降）だが、庶民生活のほうは、はやくから不定時法に基づいていた。このことも江戸の「時制混乱」に拍車をかけた。両者の違いを説明しておこう。

※『延喜式』九〇五年（延喜五）醍醐天皇の命で藤原時平らが編集、施行は九六七年。古代の法律の施行方式を定めたもの。

定時法と不定時法

《定時法》は要するに「年中不変」の時制である。現代が《定時法》だからとくに説明の必要もないだろう。冬の朝、まだ暗くても寒くても「六時」に起きて会社へ出かける支度をする。帰りは「へぇー、六時なのにもう真っ暗だ」と、季節の変化を実感しつつ定時法で運行される電車に乗る。こうした《定時法》を採る社会には、年中均等に時を刻む《時計》がなければならない。

では現代と同じ《定時法》を採った延喜のむかし、正確に時を刻む《時計》があったのだろうか。

答えはイエスである。精度のことはさておき、延喜よりもっとむかしから、《時計》は存在した。

斉明《さいめい》天皇の皇太子中大兄《なかのおおえ》は飛鳥《あすか》に漏剋台《ろうこくだい》をつくり（六五頁コラム参照）、近江遷都後は即位して漏剋を大津宮《おおつのみや》に移し、時を報じさせた。この漏剋とよばれる水時計、七世紀の後半には確実に存在し宮城の門の開閉や役人の勤務時間は、すべてこの時報にしたがい、鐘や太鼓を打ったのである。官僚制度恐るべしであるが、この時とくに重視されたのが「日出、日入り」の時刻であった。

『延喜式』では、二十四節気《せっき》（立春《りっしゅん》・雨水《うすい》・啓蟄《けいちつ》・春分《しゅんぶん》……）をさらに細かい四〇の季節に分割して、各季節ごとの日出・日入りの時刻と門の開閉時刻、役所の退出時刻を《定時法》に基づいて記している。最も日の長い「夏至の頃」の日出を抜き出し、いまの時刻に直してみよう。

◎芒種《ぼうしゅ》十三日に起《た》ち、夏至《げし》十五日に至る。［日出《ひので》・寅四刻六分《とらよんこくろくぶ》／日入・戌《いぬ》一刻二分。卯《う》二刻に大《おお》門《もん》開門の鼓《つづみ》、巳《み》二刻に退朝の鼓」

芒種は「芒《のぎ》のある稲などの種まきどき」で新暦の六月六日、その一三日目は六月一八日。夏至は昼が最も長い新暦の六月二一日で、そこから一五日目は七月五日。つまり「六月一八日～七月五日の日出・日入りと、役所勤務時間」を記した項目である。いまの時に直してみよう。

「延喜式」の時制

丑《うし》4刻8分	——	2:54
9分	——	2:57
寅《とら》1刻	——	3:00
1分	——	3:03
2分	——	3:06
3分	——	3:09
4分	——	3:12
5分	——	3:15
6分	——	3:18
7分	——	3:21
8分	——	3:24
9分	——	3:27
寅2刻	——	3:30
1分	——	3:33

＊1日＝12辰刻《しんこく》＝48刻
＝ 480分

日出〈寅の四刻六分〉……寅刻（午前三時〜五時）を四分割した四番目で、四時半から五時の間、
それを一〇等分（一つが三分間）した六つ目で、朝の「四時四八分」頃。

日入〈戌の一刻二分〉……戌刻（午後七時〜九時）を四分割した最初で、七時から七時半の間、
それを一〇等分した二つ目で六分、つまり夕方「七時六分」頃。

『理科年表』で京都の六月三〇日を調べると、「日出」が四時四六分、「日入り」が七時一五分とあり、日出が二分、日入りは九分ほどずれるが、「季」に幅があり、凡そ合っているといえる。

大門を開く〈卯の二刻〉……卯（五時〜七時）の四分の二つ目で、午前五時半。

退出の時刻〈巳の二刻〉……巳（九時〜一一時）の四分の二つ目で、午前九時半。

この季は夜明けが早く、大門を開いた三〇分後の六時頃には出勤したらしいが、一方の退出時間「九時半」は、いくら何でも早すぎないか。今なら出勤の人もいるだろう。ほかで確認してみる。

『日本書紀』舒明《じょめい》天皇八年秋七月条に、次の一文を見つけた。

○大派《おおまた》王、豊浦大臣《とゆらのおおおみ》に謂《かた》りて曰《いわ》く「群卿《まちぎみ》及び百寮《つかさつかさ》、朝参することすでに懈《おこた》れり、今より以後、
卯の《うのとき》始《はじめ》に朝《まい》りて、巳の《みのとき》後《のち》に退出《まかで》む。因《よ》りて鐘《かね》を以て節とせよ」という。然るに大臣従わず。

敏達《びたつ》天皇の皇子の大派王が大臣の蘇我蝦夷《そがのえみし》に「近頃みな弛《たる》んでいるように思う。今後は朝六時（卯の刻）に出勤、朝一〇時（巳の刻）の退出時刻を厳守させ、時刻は鐘で知らせるようにしよう」と提案したが撥《は》ねつけられた、というのである。どうやらそんなものだったらしい。

『延喜式』の記載は、年間を通じ日出、日入り時刻の変化を記しているから、時制はいまと同じ《定時法》であった。ただしその運用については、日出、日入り時刻の変化に応じて門の開閉時刻や退出時刻を変えており、《不定時法》的だった。つまり時制は定時法だが、役人たちの出勤は夏時間や冬時間を適用したらしい。人間生活には、そのほうが自然なのである。さらに言うなら、鼓や鐘

定時法の時刻円

の時報が聞こえない地方の人たちは、はじめから自然に支配された《不定時法》だった。

時計に縁のない庶民にとって生活を律するものは、自分の目で確かめられる日出と日没である。日出とともに始動し、日が最も高くなったとき、半日過ぎたことを実感し、日没で一日を終える。つまり四季によって変化する「日出、日入り」時刻を基準に〈生活時刻〉を組み立てているわけで、これが《不定時法》なのである。

時計と無縁の地域では早くから《不定時法》の生活だったし、社会全体を考えても、厳密な時刻を必要としない「庶民」が主役になってくると、当然《不定時法》の方が幅を利かすようになる。江戸時代がまさにそうだったが、時制のお手本に定時法の『延喜式』を持ってきたため、一部で定時・不定時の混同がおき、混乱したのである。

江戸時代の解説本などでは、時計の一二時の位置に〈子《ね》の刻〉を記し、以下時計回りに十二支を配した時刻円を載せている。さらに〈子〉の下に〈九ツ〉と書き、以下〈八ツ、七ツ、六ツ、五ツ、四ツ〉とつづける。まさしく『延喜式』の記す打鼓《だこ》の数である。

この時刻円のなかには二回の〈六ツ〉が出てくる。はじめの卯《う》の刻の六ツを〈明け六ツ〉といい、後の酉《とり》の刻の六ツを〈暮れ六ツ〉という。さらに〈明け六ツ〉の箇所に午前六時、〈暮れ六ツ〉の箇所に午後六時と記し、子の刻と午の刻を午前、午後の零時（一二時）に当てている。時計に似て、現在の時刻に読み替えるには、まことに便利な図だが、この円がまさに《定時法》の時刻円であり、そのまま江戸時代の文献に当てはめると、季節によってかなりの誤差が生じる。いまの時刻に近似するのは昼と夜の時間がほぼ等しい〈春分〉〈秋分〉頃だけで、ひどい場合は二時間近くずれる。これが《定時法》と《不定時法》のズレなのである。

《不定時法》換算の表づくり

《不定時法》の場合も、簡単に換算できる時刻円があれば助かるのだが、日々わずかずつズレる不定時刻を、固定した時刻円で表現することはまず不可能だ。三六五日×二四刻のマス目をつくり、一日ずつの日出・日入りの変化と、それにともなう昼間・夜間の増減、それを一二で割った各刻の表が必要となる。さすがに繁雑過ぎるとみえ、江戸時代は一年を二四節気に分け「一節気中ハ時刻変化ナシ」と見做《みな》した。橋本氏は実際にこうした表を作製され、現在の時刻との対比ができるようにされている。

朝日文左衛門の『日記』を正しく理解するために、現代への日時《にちじ》換算は欠かせない。その都度《つど》橋本氏の労作である「換算表」を利用させて貰っていたが、表は江戸（東京）の時間に合わせて作られている。文左衛門の日記の舞台は名古屋であり、そのため橋本氏の換算表からいつも一〇分遅らせなければならないし、また東京と名古屋の時刻差が年中一〇分とは限らない。そこで名古屋専用の換算表を作ってみようと思い立った。まったくの素人だが、氏の換算表を何度も使っているうちに仕組みがわかってきて、つぎのような手順を踏めば、『鸚鵡籠中記』用の名古屋版換算表ができそうである。

① 『理科年表』などで、名古屋の二十四節気ごとの日出《ひので》、日入《ひのい》りの時刻を調べ、日出三六分前

を「明け六つ」、日入り三六分後を「暮れ六つ」と定める（「三六分」については後述する）。

② 明け六つから暮れ六つまでを昼間《ひるま》、暮れ六つから明け六つまでを夜間《やかん》とし、それぞれの時間幅を一二等分して、「六、六半《むつはん》、七、七半、八、八半、九、九半、四、四半、五、五半」刻《どき》の呼称をあてる。

いま夏至（六月二一日）の節気を例にとって、試してみよう。

名古屋の日出は四時三八分、日入りは一九時一〇分である。日出時刻から三六分引いて「明け六つ」は四時〇二分、日入り時刻に三六分足して「暮れ六つ」は一九時四六分、よって昼間の長さは一五時間四四分、夜間の長さは八時間一六分になる。それぞれを一二で割ると、昼間の半刻《はんとき》は定時法の一時間を大きく超えて一時間一八分四〇秒、夜間の半刻は逆に四一分二〇秒と短い。昼の半刻と夜の半刻を足せば二時間になる。つまり昼間の時間が最も長い夏至のころ、われわれの定時法感覚でいう昼間の一時間が、江戸の夏時間では約一時間二〇分と三割増しになり、ずいぶん間延びした「時の流れ」になる。こうした作業を繰りかえして〈名古屋における不定時法時刻の読み替え表〉が完成した。この表を使って問題を解いてみよう。出題は『鸚鵡籠中記』の記事からである。

〇雨巳半《みのはん》過ぎ、少しの間やむ。それよりまた八ツ前まで雨降る。（元禄一二・四・一七）

十二支呼び（辰刻式《しんこくしき》とも）と数呼び（時鐘式《じしょうしき》とも）の混じった記事である。

まず陰暦の日付「元禄一二年四月一七日」を『三正綜覧《さんせいそうらん》』（新・旧暦の対照表）を用いて太陽暦の日付けに直すと、一六九九年五月一六日になる。五月一六日は二十四節気《にじゅうしせっき》のうち「立夏《りっか》（五月六日〜二〇日）」に入るので、その行の「巳半」つまり「朝四つ半」を見ると、「一〇時三五分」となっている。

次に「昼八つ」との交点を見ると「午後二時一九分」とある。つまり文左衛門の日記をいまふう

不定時法による時刻と現代時刻の対照表（於名古屋）

夏至（6月21日 五月中）	小暑（7月7日 六月節）	大暑（7月23日 六月中）	立秋（8月8日 七月節）	処暑（8月23日 七月中）	白露（9月8日 八月節）	秋分（9月23日 八月中）	寒露（10月8日 九月節）	霜降（10月23日 九月中）	立冬（11月7日 十月節）	小雪（11月22日 十月中）	大雪（12月7日 十一月節）	
4:02	4:08	4:17	4:29	4:40	4:52	5:03	5:14	5:27	5:42	5:56	6:10	卯 刻
5:21	5:26	5:34	5:44	5:53	6:02	6:10	6:18	6:29	6:41	6:53	7:05	半刻
6:39	6:44	6:51	6:59	7:05	7:12	7:17	7:23	7:30	7:40	7:50	8:01	辰 刻
7:58	8:02	8:08	8:14	8:18	8:21	8:24	8:27	8:32	8:39	8:47	8:56	半刻
9:17	9:21	9:25	9:28	9:31	9:31	9:31	9:31	9:34	9:38	9:44	9:52	巳 刻
10:35	10:39	10:42	10:43	10:43	10:41	10:38	10:36	10:35	10:37	10:41	10:47	半刻
11:54	11:57	11:59	11:58	11:56	11:50	11:45	11:40	11:37	11:36	11:38	11:43	午 刻
1:13	1:15	1:16	1:13	1:08	1:00	12:52	12:44	12:39	12:35	12:35	12:38	半刻
2:31	2:34	2:33	2:27	2:21	2:10	1:59	1:49	1:40	1:34	1:32	1:34	未 刻
3:50	3:52	3:50	3:42	3:33	3:19	3:06	2:53	2:42	2:33	2:29	2:29	半刻
5:09	5:10	5:07	4:57	4:46	4:29	4:13	3:57	3:44	3:32	3:26	3:25	申 刻
6:27	6:28	6:24	6:12	5:58	5:39	5:20	5:02	4:45	4:31	4:23	4:20	半刻
7:46	7:46	7:40	7:27	7:11	6:49	6:28	6:06	5:47	5:30	5:20	5:16	酉 刻
8:27	8:28	8:23	8:12	7:58	7:39	7:21	7:02	6:45	6:31	6:23	6:20	半刻
9:09	9:10	9:06	8:57	8:46	8:29	8:14	7:58	7:43	7:32	7:26	7:26	戌 刻
9:50	9:52	9:49	9:42	9:33	9:20	9:07	8:53	8:42	8:33	8:29	8:30	半刻
10:31	10:33	10:32	10:28	10:21	10:10	10:00	9:49	9:40	9:34	9:32	9:35	亥 刻
11:13	11:15	11:15	11:13	11:08	11:00	10:53	10:45	10:38	10:35	10:35	10:39	半刻
11:54	11:57	11:58	11:58	11:56	11:51	11:46	11:40	11:37	11:36	11:38	11:44	子 刻
0:35	0:39	0:41	0:43	0:43	0:41	0:39	0:36	0:35	0:37	0:41	0:48	半刻
1:16	1:20	1:24	1:29	1:31	1:31	1:32	1:31	1:34	1:38	1:44	1:53	丑 刻
1:57	2:02	2:07	2:14	2:18	2:22	2:25	2:27	2:32	2:39	2:47	2:57	半刻
2:39	2:44	2:50	2:59	3:06	3:12	3:18	3:22	3:30	3:40	3:50	4:02	寅 刻
3:20	3:26	3:33	3:44	3:53	4:02	4:11	4:18	4:29	4:41	4:53	5:06	半刻
6/21	7/6	7/21	8/6	8/21	9/6	9/21	10/6	10/21	11/6	11/21	12/6	観測日
4:38	4:44	4:53	5:05	5:16	5:28	5:39	5:50	6:03	6:18	6:32	6:46	日の出
19:10	19:10	19:04	18:51	18:35	18:13	17:52	17:30	17:11	16:54	16:44	16:40	日の入
15:44	15:38	15:23	14:58	14:31	13:57	13:25	12:52	12:20	11:48	11:24	11:06	昼 間
8:16	8:22	8:37	9:02	9:29	10:03	10:35	11:08	11:40	12:12	12:36	12:54	夜 間
79 分	78 分	77 分	75 分	73 分	70 分	67 分	64 分	62 分	59 分	57 分	55.5	昼半刻
41 分	42 分	43 分	45 分	47 分	50 分	53 分	56 分	58 分	61 分	63 分	64.5	夜半刻

		冬至（12月23日）十一月中	小寒（1月5日）十二月節	大寒（1月20日）十二月中	立春（2月4日）正月節	雨水（2月15日）正月中	啓蟄（3月6日）二月節	春分（3月21日）二月中	清明（4月5日）三月節	穀雨（4月20日）三月中	立夏（5月6日）四月節	小満（5月21日）四月中	芒種（6月6日）五月節	夏至（6月21日）五月中
明六ツ		6:20	6:25	6:22	6:12	6:02	5:40	5:19	4:57	4:37	4:21	4:09	4:02	4:02
六半		7:15	7:20	7:19	7:11	7:03	6:44	6:26	6:07	5:49	5:36	5:26	5:20	5:21
朝五ツ		8:10	8:16	8:16	8:10	8:04	7:48	7:33	7:16	7:02	6:51	6:43	6:38	6:39
五半		9:05	9:11	9:13	9:09	9:04	8:52	8:39	8:26	8:14	8:05	7:59	7:56	7:58
朝四ツ		10:00	10:07	10:10	10:08	10:05	9:56	9:46	9:36	9:26	9:20	9:16	9:15	9:17
四半		10:55	11:02	11:07	11:07	11:06	11:00	10:53	10:45	10:39	10:35	10:33	10:33	10:35
昼九ツ		11:50	11:58	12:04	12:06	12:06	12:04	12:00	11:55	11:51	11:49	11:49	11:51	11:54
九半	午	12:45	12:53	1:01	1:05	1:07	1:08	1:06	1:05	1:03	1:04	1:06	1:09	1:13
昼八ツ	後	1:40	1:49	1:58	2:04	2:08	2:12	2:13	2:14	2:16	2:19	2:23	2:28	2:31
八半	↓	2:35	2:44	2:55	3:03	3:08	3:16	3:19	3:24	3:28	3:33	3:39	3:46	3:50
夕七ツ		3:30	3:40	3:52	4:02	4:09	4:20	4:26	4:34	4:40	4:48	4:56	5:04	5:09
七半		4:25	4:35	4:49	5:01	5:10	5:24	5:33	5:43	5:53	6:03	6:13	6:22	6:27
暮六ツ		5:20	5:31	5:45	6:01	6:11	6:28	6:40	6:53	7:05	7:18	7:30	7:40	7:46
六半		6:25	6:35	6:48	7:02	7:10	7:24	7:33	7:43	7:53	8:03	8:13	8:22	8:27
夜五ツ		7:30	7:40	7:51	8:03	8:09	8:20	8:26	8:34	8:40	8:48	8:56	9:04	9:09
五半		8:35	8:44	8:54	9:04	9:09	9:16	9:20	9:24	9:28	9:34	9:40	9:46	9:50
夜四ツ		9:40	9:49	9:57	10:05	10:08	10:12	10:13	10:14	10:16	10:19	10:23	10:27	10:31
四半		10:45	10:53	11:00	11:06	11:07	11:08	11:06	11:05	11:03	11:04	11:06	11:09	11:13
暁九ツ		11:50	11:58	0:03	0:07	0:07	0:04	0:00	11:55	11:51	11:50	11:50	11:51	11:54
九半	午	0:55	1:02	1:06	1:08	1:06	1:00	0:53	0:45	0:39	0:35	0:30	0:33	0:35
暁八ツ	前	2:00	2:07	2:09	2:09	2:05	1:56	1:46	1:36	1:26	1:20	1:16	1:14	1:16
八半	↓	3:05	3:11	3:12	3:10	3:05	2:52	2:40	2:26	2:14	2:06	2:00	1:56	1:57
暁七ツ		4:10	4:16	4:15	4:11	4:04	3:48	3:33	3:17	3:01	2:51	2:43	2:38	2:39
七半		5:15	5:20	5:18	5:12	5:03	4:44	4:26	4:07	3:49	3:36	3:26	3:20	3:20
観測日		12/21	1/6	1/21	2/6	2/16	3/6	3/21	4/6	4/21	5/6	5/21	6/6	6/21
日の出		6:56	7:1	6:58	6:48	6:38	6:16	5:55	5:33	5:13	4:57	4:45	4:38	4:38
日の入		16:44	16:55	17:9	17:25	17:35	17:52	18:04	18:17	18:29	18:42	18:54	19:04	19:10
昼　間		11:00	11:06	11:23	11:49	12:09	12:48	13:21	13:56	14:28	14:57	15:21	15:38	15:44
夜　間		13:00	12:54	12:37	12:11	11:51	11:12	10:39	10:04	9:32	9:03	8:39	8:22	8:16
昼半刻		55 分	55.5	57 分	59 分	61 分	64 分	67 分	70 分	72 分	75 分	77 分	78 分	79 分
夜半刻		65 分	64.5	63 分	61 分	59 分	56 分	53 分	50 分	48 分	45 分	43 分	43 分	41 分

時刻対照表のグラフ化

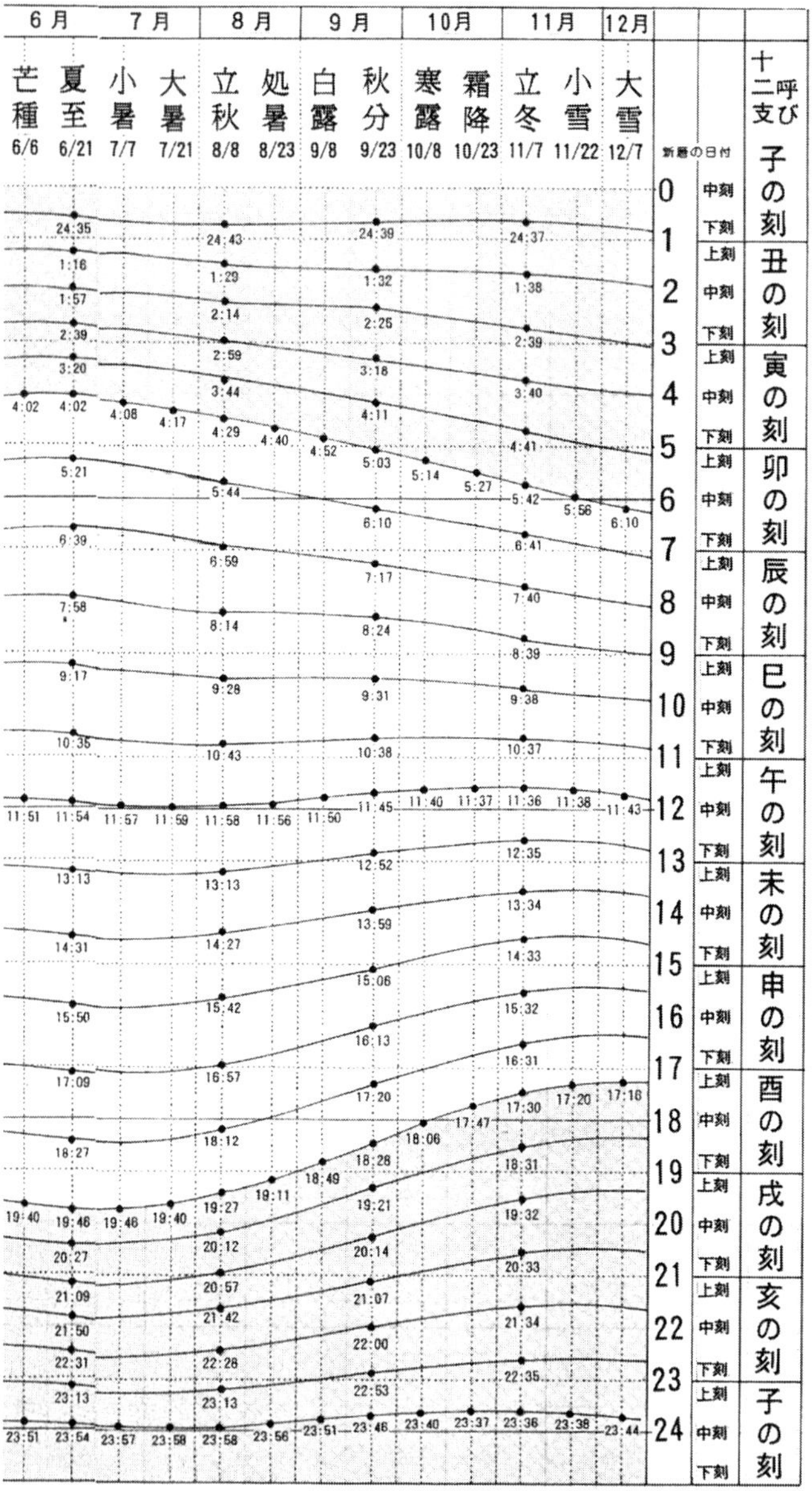

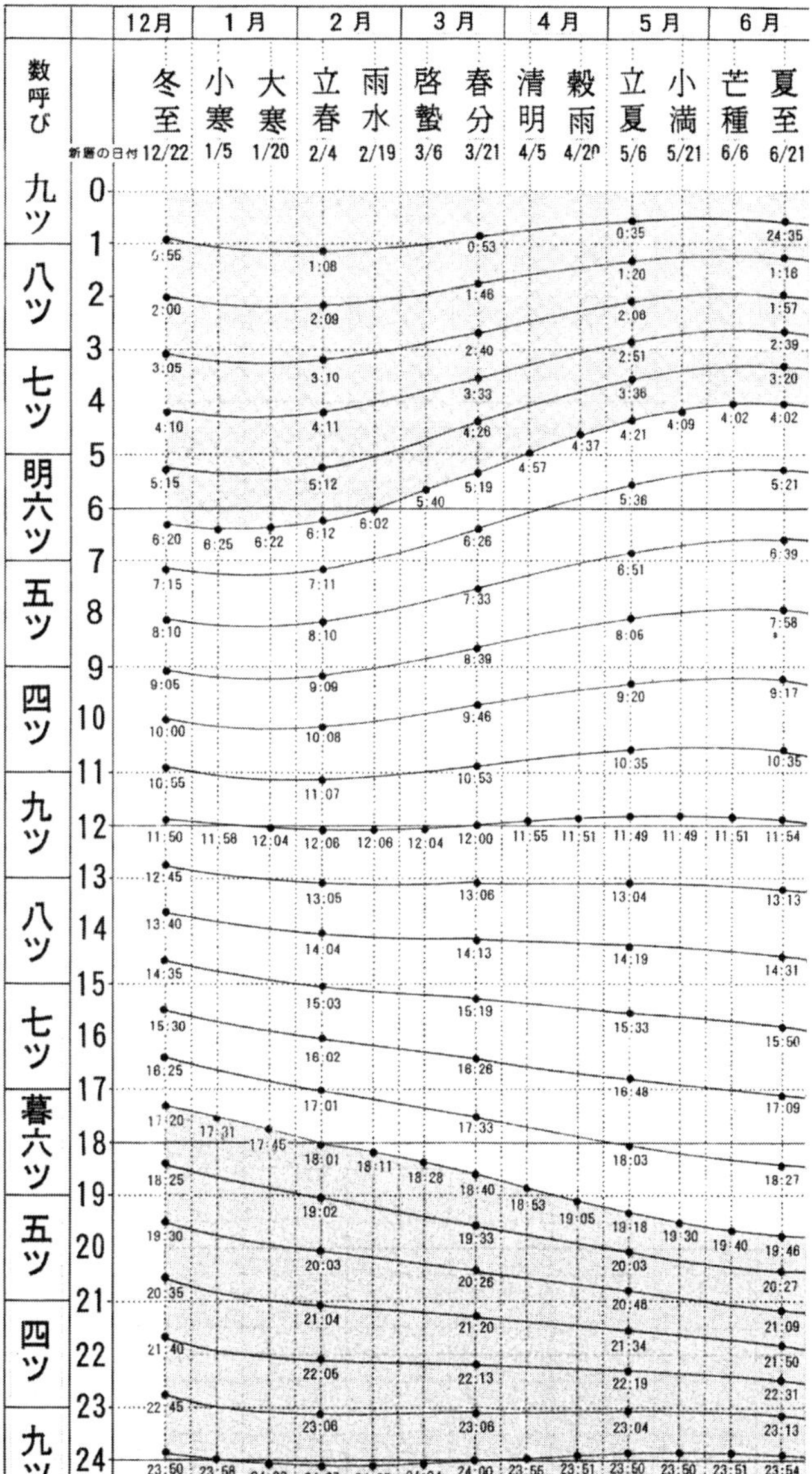
12月 1月 2月 3月 4月 5月 6月
数呼び
冬至 小寒 大寒 立春 雨水 啓蟄 春分 清明 穀雨 立夏 小満 芒種 夏至
新暦の日付 12/22 1/5 1/20 2/4 2/19 3/6 3/21 4/5 4/20 5/6 5/21 6/6 6/21
九ツ 八ツ 七ツ 明六ツ 五ツ 四ツ 九ツ 八ツ 七ツ 暮六ツ 五ツ 四ツ 九ツ
0 1 2 3 4 5 6 7 8 9 10 11 12 13 14 15 16 17 18 19 20 21 22 23 24
0:56 1:08 0:53 0:35 24:35
2:00 2:09 1:46 1:20 1:16
3:05 3:10 2:40 2:06 1:57
4:10 4:11 3:33 2:51 2:39
5:15 5:12 4:26 3:36 3:20
6:20 6:25 6:22 6:12 6:02 5:40 5:19 4:57 4:37 4:21 4:09 4:02 4:02
7:15 7:11 6:26 5:36 5:21
8:10 8:10 7:33 6:51 6:39
9:05 9:09 8:39 8:06 7:58
10:00 10:08 9:46 9:20 9:17
10:55 11:07 10:53 10:35 10:35
11:50 11:58 12:04 12:06 12:06 12:04 12:00 11:55 11:51 11:49 11:49 11:51 11:54
12:45 13:05 13:06 13:04 13:13
13:40 14:04 14:13 14:19 14:31
14:35 15:03 15:19 15:33 15:50
15:30 16:02 16:26 16:48 17:09
16:25 17:01 17:33 18:03 18:27
17:20 17:31 17:45 18:01 18:11 18:28 18:40 18:53 19:05 19:18 19:30 19:40 19:46
18:25 19:02 19:33 20:03 20:27
19:30 20:03 20:26 20:48 21:09
20:35 21:04 21:20 21:34 21:50
21:40 22:05 22:13 22:19 22:31
22:45 23:06 23:06 23:04 23:13
23:50 23:58 24:03 24:07 24:07 24:04 24:00 23:56 23:51 23:50 23:50 23:51 23:54

に書き直せば、「一六九九年五月一六日は朝から雨で、一〇時半過ぎいったん止み、午後二時二〇分頃にまた降りだした」となる。これを横着して定時法の時刻円で換算すると、巳半（四つ半）は年中一一時、八つは二時になり、前者で三五分、後者で約二〇分ずれる。

この表があれば、江戸時代の名古屋の時刻はすべて現代の時刻に換算できる。しかしこの数字だけの換算表では、〈不定時法〉のイメージが湧いて来ないし、味気ない。不定時の時刻の変化を何とか実感として捉える方法はないか、ようやく辿りついたのがグラフ化した表である。本来は美しい曲線になるのだろうが、手作業で一点ずつ拾ったため少しイビツである。換算の正確さでは先の時刻表に劣るが、大雑把な読み替え表として使えるだろう。これが仮に《定時法》の表なら、一年中卯刻《うのこく》は午前六時、酉刻《とりのこく》は午後六時、子《ね》と午刻《うまのこく》は十二時と変わらないから、すべて直線になり、つくる意味がなくなる。昼、夜の長さに応じてゆったり波打つ曲線が、いささか自慢である。

卯刻を〈明け六つ〉と呼び、酉刻を〈暮れ六つ〉と呼ぶのは、時鐘の数からきた呼び名であり、日出、日入り時刻に連動して年中変化するから、《不定時法》の時制である。繁雑なので一節気中は同じとしたが、それでも一年で二四通り変化する。同じ一時間（半刻）のはずが、夏至の昼間は一時間一九分と長く、夜間は逆に四一分と短い。冬至は昼が五五分に対し、夜は一時間五分と逆転する。

不定時法の時計があった

年中少しずつズレる時制は、《時計》にはまったく不向きである。夏の昼間はゆっくり回り、夜になると急に忙《いそが》しく回る時計など、とても想像できない。ところが江戸時代の時計師は、そういう奇妙な時計を作り上げてしまったのである。一日のはじまりは〈明け六つ〉で、六《む》つの鐘の音が合図になるのだが、その鐘を撞くタイミングは、時計に拠ったはずで、やはり時計は必要だった。「六《む》つ時《どき》」だけではない。昼間と夜間、節気ごとに異なる時を知らせるため時計は欠かせない。夏の昼間は「棒テンプ」の分銅《ふんどう》の位置を外にずらして一刻をゆっくり回らせ、夜には逆に分銅の間隔を短くする。毎日これをやるのは大変だから、二丁のテンプを用意して、昼用のセットから夜用のセットへ自動的に切り替わるようにした。まさに不定時法に対応した驚くべき時計である。動力は「重り」だから、だんだん垂れてくる。垂れるための空間を確保するため、台や櫓《やぐら》の形をとる。棒状の尺《しゃく》時計《どけい》も、同じ理屈である（六四頁図参照）。

ところで一日のはじまり〈明け六つ〉と夜のはじまり〈暮れ六つ〉は、いつの時点を指すのか。ふつうは「日出」と「日入り」と思いがちだが、そうではない。「朝、薄明かりがはじまった時」と「夕方、薄明かりが終わった時」なのである。その「薄明かり」とは何ぞや。

貞享暦（一六八五年～）と宝暦暦（一七五五年～）では、「日出」前の二刻半（天文関係の「刻」は一日を百刻とするので、いまの三六分に当たる）と「日入り」後の二刻半を、「六つ時」と定めている。しかし時計を持たない庶民に三六分などわからないから、いきおい主観的な「感じ」が優先する。

安政年間発行の書では「明け・暮れ六つ」の定義を、大きい星が「パラパラと見える」程度、掌《てのひら》の筋が「細き筋は見えず、大筋の三筋ばかり見ゆるとき」としている。「一日のはじまりと終わりがそんないい加減なことでよいか」と思うかも知れないが、おそらく掌を見つめる彼等は大まじめであり、それが江戸の時刻観だったのだろう。今とどっちがまともかと聞かれても困るが、人間の方はともかく、時計だけは精確になった。

何ごとも体験第一と夏の某日朝三時に起き、外へ出て手のひらを眺めてみた。はたして日出三六分前に手のひらの頭脳線や生命線が見えるか、じっと眺めていると何となく見えるような気もする。

早起きすれば誰でも実験できるが、実は人工光が一切ない場所を探すのがむつかしい。家の明かりが漏れていたり街灯があったりする。この「手のひら判定」を不審とみる人は、さらに万葉の昔からあった趣ある判定法を、どう思われるだろうか。

《暁《あかつき》のかはたれ時《どき》に　島陰《しまかげ》を漕ぎにし船の　たづき知らずも》（『万葉集』巻二〇・四三八四）

「暁の夜明けの頃に、島陰から漕ぎ出した船の、なんと頼りないことよ」といった意味だろう。夜明け頃を示す「かはたれ時（彼誰時）」は、わずかに輪郭が見える明るさのなか、「彼は誰？」と問いかけたことから生じた。反対に夕暮れ時は「誰そ?彼は」と問い、「たそかれ時（誰彼時）」となる。両方とも同じようなものだが、後者は「黄昏」の字を宛てることで夕方を示す語となり、前者の「かはたれ時」は明け方の専用語となった。「黄昏」も結構古くから使われた言葉だ。辞書を引くと、「黄昏草《たそがれぐさ》はユウガオの異称」とある。『源氏物語』の「夕顔の巻」に因るのだろうか。

○光源氏が乳母《めのと》の病を見舞ったとき、隣家から誰か覗《のぞ》く気配があり、その垣根には夕顔が咲いていた。手折らせようとすると、童女が出てきて扇の上に花を置き、随身の者に手渡した。扇には「当て推量ですが、白露の輝く夕顔に似たお顔の方は、源氏の君でしょう」と歌が記されていた。これに対し光源氏は「寄りてこそ　それかとも見め　たそがれにほのぼの見つる　花の夕顔」と歌を返した。「近寄って見て、はじめて分かるだろうに、近寄りもせず、薄暗い夕暮れ時にわずかに見た顔が、誰だとは分かるまい」という意味である。

むかしの人たちは、日出、日入り時刻とは異なる「彼《か》は誰《た》れとき」「誰《た》そ彼《かれ》とき」の風情に、深い関心を払ってきた。江戸時代の〈明け六つ〉と〈暮れ六つ〉は、薄暗い中で手のひらを翳《かざ》して確かめたが、さらに大昔のひとたちは、消え入《い》ろうとする影を、誰か?と確かめ合った。「たそがれどき」はいまも生きているが、早朝の「かはたれとき」はすでに死語である。代わりの言葉として、平凡だが「夜明け」がよさそうだ。「夜明け」は時間幅があって、いまは相当明るくなってからを指すようだが、『理科年表』は伝統を守り、今でも日出時刻の三六分前を「夜明け」と規定している。まさに〈明け六つ〉の鐘が鳴るときである。

江戸時代には〈明け六つ〉の鐘は、最初の三つは捨て鐘とし、そのあとに六つ撞いた。最初から鐘を聞いているとは限らないから「何処からが時刻の鐘か？」と疑問が生じるが、これは撞き方でわかるらしい。

浦井祥子氏は「捨て鐘の一打目は長く、二打・三打は続け、次に間をあけて時刻を撞き、一打ごとに速くしていった」と説明され、捨て鐘の例として、現在の時報の「ピッ、ピッ、ピッ、ポーン」を挙げられている。最初の三音が捨て鐘にあたるが、なるほど、突然時報が「ポーン」と鳴るより、心の準備ができていてよい。江戸の捨て鐘は三つだが、上方の捨て鐘は一つだけらしい。名古屋がどうだったかは知らない。

この時鐘の数を題材にした落語に、『時そば』というのがある。得意としたのは五代目柳家小さんや六代目春風亭柳橋だが、流しの「二八蕎麦屋《にはちそばや》」を呼び止め、ソバを食ったあと一六文の代金を払う。「銭は細かいんだ、手ぇ出してくれ、いいかい、いくよ。一《ひと》つ、二《ふた》つ、三《みっ》つ、四《よっ》つ、五《いっ》つ、六《むっ》つ、七《なな》つ、八《やっ》つ、いま何刻《なんどき》だい？」「へえ、九《ここの》つで」「十《とう》、十一《じゅういち》……」と数えて一六になると、ぷいと行ってしまう。一六文のお代でたったの一文しか儲からないが、うまくできた噺《はなし》である。この様子を見て真似をした与太郎が、

二八そば屋（『守貞謾稿』）

翌日二時間早い夜十時頃食べ「へえ、四つで」と答えられて、四文余分に払わされるというのがオチ。このほか浜で財布を拾い、女房の機転で立ち直る魚屋の話『芝浜《しばはま》』も、刻《とき》がかかわる噺として知られている。

『鸚鵡籠中記』の時刻

肝心の、時刻の読み替えの話に戻る。『鸚鵡籠中記』には、実にいろいろな時刻表現が出てくる。「寅《とら》の五剋《ごこく》、卯《う》の半点・二刻・八刻、辰《たつ》の八分《ぶ》・七点・下刻《げのこく》・半点、巳《み》の三点・五刻、午《うま》の八分・九刻、未《ひつじ》の上刻《じょうこく》・下刻・五刻・半点・三点、申《さる》の上刻・上剋《じょうこく》・半点、酉《とり》の八分、戌《いぬ》の四剋」など、元禄年間のわずか二、三年の記事でこれだけ種類がある。この多様な表現のうち幾つかは、橋本氏の説明からも外れる。そのため推測を交えることになり、話が少しややこしくなる。面倒な方は途中を飛ばし最後の結論だけ読んでいただければよいが、一応説明を試みておく。

［何々の何点］「点」は夜の時刻を示す用語で、時刻法で「更《こう》」と「点《てん》」を使う。暮六ツから明六ツまでを五等分（一更〜五更）し、さらに各更を五等分（一点〜五点）する。このように五点までしかないはずだが、『日記』の使用例は「巳《み》の三点」「未《ひつじ》の三点」など昼間にも使い、「辰《たつ》の七点」にいたっては昼間にして五点以上、まさにダブルミスということになる。因みに三田村鳶魚《えんぎょ》の『江戸生活事典』にも、「点は夜だけに言うことで、昼の方はありません」ときっぱり否定している。

しかしいくら否定されても、文左衛門は夜間以外につかっており、橋本氏も奈良時代以降の古文書や史書に「辰刻《しんこく》の細分時刻を示す文字として、点という表現がしばしば現れてくる」とされ、結論として「点は刻とまったく同一」と考えてよく、夜の時刻を示す更・点とは「別物」とされている。

したがって『日記』に見られる「半点」（卯の半点、申の半点、未の半点）といった妙な単位も、すべて「半時、半刻」に読み直せばよいことになる。

それでも問題は残る。橋本氏は、古文書や史書の使用例が「一点から四点まで」に限られているとして、「一辰刻を四分割する単位」と考えられているのだが、わが文左衛門氏は、「卯六点、卯七点、辰七点、辰八点、辰八刻、午八点」など平気で五点以上を記している。これをどう説明するか。

【何々の何刻】　橋本氏は「点＝刻」として、二時間を四分割する刻（一〜四刻）と同じに考えられたようだが、思い出してみると刻にはもうひとつ『延喜式』でみた一〇分割があった。

順に整理してみる。一昼夜二四時間を一二等分して、まず二時間幅の時制が定まる。この一コマを一時《いっとき》または一辰刻《いちしんこく》（辰刻《たつのこく》とは別物）というが、幅が大きすぎるから、これを半《はん》（分の）刻《とき》に（一時間）に割った。大体の人はこれで十分生活できるが、もう一歩進めて四半時《しはんとき》（四分の一時）まで刻み、せめて待ち惚《ぼう》け時間が三〇分以内におさまるようにした。「丑三つ（丑の三刻）」などはこれによって生まれた表現である。忙しい現代人は三〇分刻みでも耐えがたいだろうが、江戸時代の人はそれで良かったし、定時法ならともかく、不定時法ではこのあたりが限界なのだ。

一方定時法を採用した古代の『延喜式』では、さらに驚くべき細分化をしていた。『延喜式』は一辰刻《しんこく》（二時間）を四刻《よんこく》に刻んだ四半時（三〇分）を、さらに分《ぶ》の単位で一〇分割していた。つまり一辰刻（一二〇分）の四〇分の一になり、一コマ（一分《いちぶ》）はいまの三分《ぶん》になる。陰陽寮の役人たちは年間の日出、日入り時刻を正しく表現し、それに基づき門の開閉や官庁の出勤、退出時間を知らせる必要があったのだ（二四頁参照）。

しかし江戸時代の不定時法のもとでは、「三分」刻みの時制は不要である。夏と冬で昼間の一時間が四〇分近く違う時制で、三分刻みなど意味をなさない。それでも「三分刻み」は不要だが、三〇分幅は大きすぎる、もう少し刻めないか」と思う人もいるだろう。そこで『延喜式』を真似ながら、それほど細分化しない折衷案が考え出された。『延喜式』の「一刻《こく》（三〇分）の一〇分割」を、「一辰刻（一二〇分）の一〇分割」に変身させたのである。これで一コマは「一二分」になり、まずまず使い勝手が良さそうだ。細かな時制が必要な人は、これを使えばよい（次頁の表参照）。

この一辰刻一〇分割（一二〇分の一〇分割）は、実は幕末に近い天保暦で公認されるのである。やがて公認せざるを得なくなるとすれば、すでに文左衛門の元禄頃、用いられていた可能性もあるだろう。『鸚鵡籠中記』の「刻」と「分」、それに「点」を加えた多様な使い方は、どうも『延喜式』の用法を勝手にアレンジしたように思われるのである。

幕府は時制を確立するために、現代人でさえ馴染みの薄い『延喜式』の普及につとめた。江戸の時制の原点は『延喜式』である。しかし庶民の間で広がる「不定時法」に、古代定時法の『延喜式』を持ち込んだため混乱が起きた。文左衛門の『日記』にみられる混用も、同じ理由によるのではないか。実際に確認してみよう。

『日記』に出てくる時刻には「寅の**五尅**、卯の**二刻・八刻**、申の**二刻**、辰の**五刻・八刻・九刻**、巳の**二刻・五刻**、午の**九刻**、未の**五刻**、戌の四尅／巳の一分、辰の**八分**、午の**八分**、酉の**八分**／未の**半点・半時・二点・三点**、丑の**半点**、卯の**半点**・六点・**七点**、申の**半点・半時・半刻**・一点・辰の**半点・半刻**・一点・二点・**七点・八点**、巳の**二点・八点**、午の一点・**八点**、戌の一点／夜八ツ過・夜五ツ過・朝五ツ時過・八ツ前・四ツ前」などがある。元禄七、八年ころの記事から、無作為に拾った時刻例であるが、これらを次のように仮定してみた。

① 「点《てん》」「刻《こく》」「分《ぶ》」は、「分割の単位」として「すべて同じ意味で」用いられた。

② その分割は、一辰刻の四分割（三〇分割り）ではなく、一辰刻（季節で前後する二時間前後）を一〇

等分した天保暦（不定時法）と同じ方法であり、すでに元禄の頃、天保暦を公認するような実態があった。

この仮定を確かめるため、太字で整理してみた。一辰刻の二時間が長すぎる場合、まず半分の一時間に割るだろう。「半時・半刻・半点」がたくさん出てくるのはそのためだが、五刻（五点・五分）という言い方も偶《たま》にあるようだ。

この一時間をさらに半分の三〇分に刻みたいとき、「二、三刻（二四～三六分）」もしくは「七、八刻（一時間と二四分～三六分）」の言い方になる。以上が基本で、三九例中の約八割はこれに該当する（太字で記した時刻）。繰り返しは省いたから、実際の太字の率はもっと高くなる。先に不定時法では「一コマ三〇分が限界」と述べたが、当たっているようだ。体内時計は別として、時の鐘のほかに時刻を知る手立てがない社会では、三〇分をさらに割った一五分刻みが、さほど大きな意味を持つとは思われない。「一二分単位のコマ」に分割してみても、その使用はやはり「三〇分」単位が限界ということだ。

「延喜式」の時制と天保暦の時制の比較

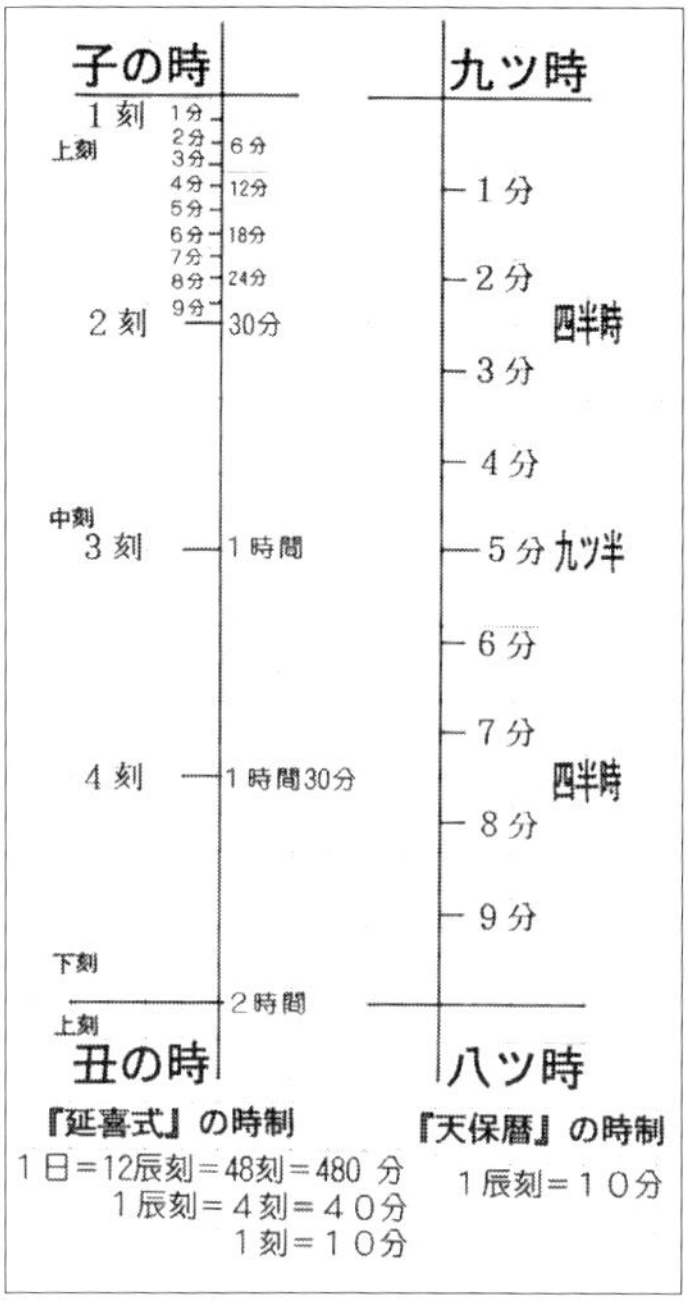

しかし、もしそうであるなら『延喜式』が用いていた四刻法（一辰刻の四割法）を採れば、一刻が四半時（三〇分）になり問題なかった筈だ。何故だろう。おそらく一方で「上・中・下刻」の三刻法が幅を利かしていて紛らわしかったのと、マレには、三〇分より小さな区分（前頁太字以外）が必要な

時もあったからだと思う。

「点」「刻」「分」を同じと見なすことで、『鸚鵡籠中記』の時制はかなりスッキリした。

そこで元禄七年の記事を例にとり、「三正綜覧」「名古屋の時刻対照表」を用いて実際に試してみよう。元禄七年といえば、父の隠居にともないさかんに「御目見《おめみえ》」を試みており、また藩主綱誠《つななり》は、毎日のように父光友《みつとも》の許を訪れている年だ。

○五月廿二日　巳《み》の刻。公（藩主綱誠）、大殿様（前藩主光友）へ御成り。午《うま》八点御帰り。
○五月廿四日　卯《う》の七点。予、御目見に出る。辰《たつ》五刻公、建中寺《けんちゅうじ》へ御参詣。巳の二刻帰御。
○五月廿六日　辰七点、予、御目見に出る。巳の三点。公、大殿様へ御成り。追付《おっつ》け御帰り。
○五月廿八日　予、朝五ツ時過ぎ、町野助左（新番頭）へ行く。四ツ前、公、大殿様へ御成り。
○閏五月三日　予、辰の半時に御目見に出、御出なし。八ツ前にまた出、御出なし。
○閏五月廿三日　申《さる》の半点より雨降る。予、卯の半点、御下屋敷へ罷り出る。辰の半点、公、万松寺《ばんしょうじ》へ御参詣。

元禄七年五月二〇日を「三正綜覧」で新暦に直すと、六月一三日になる。新暦の六月六日が二四節気の「芒種」、二一日が「夏至」だから、この二つのタテ欄に注目し、「刻と点」や「半時と半点」は混用とみて、文中の刻をいまの時刻に直すと次のようになる。

○巳の刻（朝九時半前後）　○午八点（午後二時）　○卯の七点（朝六時前）
○辰五刻（朝八時）　○巳の二刻（朝九時半）　○辰七点（朝八時半）
○巳三点（朝一〇時）　○朝五ツ過ぎ（朝七時）　○四ツ前（朝九時）
○辰の半時（朝八時）　○八ツ前（午後二時）　○申の半点（午後六時半）
○卯の半点（朝五時半前）　○辰の半点（朝八時）

藩主綱誠は三回ほど光友の許を訪れている。「巳の刻、巳の三点、四ツ前」と表現は異なるが、今の時刻に直すと「朝九時半、朝一〇時、朝九時」となりほぼ一定している。同様に文左衛門が御目見に通ったのは「卯の七点、辰七点、辰の半時、八ツ前、卯の半点」だが、今の時刻で「朝六時、朝八時半、朝八時、午後二時、朝五時半」となる。二回出かけた午後は除外し、朝は六時前後と八時ころの二通りであることがわかり、これも問題ない。つまり混用を前提に読み替えても、変な時刻へ飛ぶことはない。

文左衛門の場合は「〇ツ」という数呼び（時鐘式）より、十二支呼び（辰刻式）のほうが多い。そう思って読んでいると、たまたま富士山が噴火した宝永年間に、次のような日記の記事があった。

〇昨廿二日昼八ツより、いま廿三日五ツ半までの内、地震間もなく揺《ゆす》り、家など動き潰《つぶ》し申し候。その上廿三日四ツ時より富士山鳴り出す。その響き富士郡中にひびき渡り、大小男女絶入《ぜつにゅう》し候えども、死人はこれ無く候。（宝永四・一一・二三）

ほとんど「〇ツ」の表現だが、しかしよくみると「富士郡中問屋よりの注進状写し」とあり、商人の記録の写しであった。混用といっても、武士より商人の方が早く「数呼び」に移ったらしい。江戸前期は十二支呼びが多く、元禄頃が混じりあい、江戸後期には数呼びが主流になるようだ。元禄期の時制は、芭蕉の『奥の細道』の旅がよく引き合いに出される。検証してみよう。

『奥の細道』の旅と時制

奥羽への旅で、芭蕉（一六四四〜九四）のお供をしたのは曾良《そら》（一六四九〜一七一〇）である。彼は信濃の上諏訪《かみすわ》に生まれ、伯母の岩波家を継いで岩波庄右衛門正字《まさたか》と名乗ったが、一二歳以降は伊勢長島の「大智院《だいちいん》」（桑名郡長島町西外面《にしどども》）で、伯父の秀精《しゅうせい》法師に養われた。長じて長島藩主松平佐渡守良尚《よしひさ》に仕えたが二〇代後半に致仕《ちし》、江戸に出て深川に居を構えた。吉川惟足《これたり》（一六一六～九四、吉田神道五四代道統を継ぐ）に神道を学び俳諧にも堪能だった彼は、天和三年（一六八三）三五歳のときに、甲斐国《かいのくに》谷村《やむら》の麋塒《びじ》（高山伝右衛門、芭蕉初期の門人）宅ではじめて芭蕉と出会った。以後同じ深川の住人ということもあり、五歳年上の芭蕉と親交を深めた。

芭蕉の『奥の細道』の旅は、元禄二年（一六八九）三月下旬に江戸を出て、八月下旬美濃大垣にいたるまで一五五日、行程六百里（二四〇〇キロ）におよぶ長途の旅であったが、随行した曾良は、その前後を含め克明な自筆メモを残した。これが『曾良旅日記』と呼ばれるもので、第一部が『延喜式』神名帳《じんみょうちょう》の抄録（旅で通る国々の神社名と祈年祭を抜き書きしたもの）、第二部が歌枕《うたまくら》（名所）の覚え書き、第三部が元禄二年の日記（三月廿日～一一月一三日）、第四部が元禄四年の近畿旅行の記録、第五部が元禄二年日記の「句と文章」を綴ったもの、第六部が雑録である。このうち第三部が『奥の細道』の実録日記にあたり、『曾良随行日記』とも呼ぶ。

冒頭に「巳（年）三月廿日、日出、深川出船。巳《み》ノ下剋《げこく》（刻）、千住《せんじゅ》ニ揚ル」とあるが、三月廿日は廿七日の誤記で、新暦の五月一六日にあたる。日出とともに深川を船出《ふなで》し、隅田川を遡って巳の下刻（午前一一時過ぎ）千住《せんじゅ》（現東京都足立区）に着いた。出発地点の深川は、芭蕉庵と思っていたが、どうやら違うらしい。芭蕉庵は、素堂《そどう》（一六四二～一七一六）をはじめ門人たちが寄進した庵で、小名《おな》木《ぎ》川が隅田川に注ぐ地点の万年橋北詰にあった。しかし芭蕉は旅立ちの直前に此処を売り払い、杉《さん》風《ぷう》（一六四七～一七三二）の別荘「採茶庵《さいとあん》」に移っている。採茶庵は小名木川より一本南の、仙台堀《せんだいぼり》沿いにある。海辺橋を渡った南詰に「採茶庵」の石碑が立ち、傍らの濡れ縁に腰掛けた旅装姿の芭蕉像は、いかにもこれから出立という観がある。

曾良の『日記』には、以後「辰上刻、午の刻、未の下刻、辰の中刻」など「時」についての記載が数多く見られるが、基本的に十二支呼びである。宿の出立《しゅったつ》は「辰の刻《とき》（午前六〜八時）」で、宿への到着は「申の刻《とき》（午後五〜七時）」が多い。五月朔日《ついたち》の福島前後は「日ノ入前」「日出ノ比《ころ》」と記し、時の鐘から遠ざかっているが、塩釜や松島、平泉、尾花沢《おばなざわ》では、再び「辰ノ剋」「午ノ剋」「巳ノ剋」「辰ノ中剋」と時刻を記している。元禄期の「時の鐘」の普及は、想像以上である。

この曾良の『日記』に、ただ一カ所だけ「数呼び」がある。八月五日に加賀山中温泉で芭蕉に別れ（『おくのほそ道』に「曾良は腹を病て、伊勢の国長嶋と云所にゆかりあれば、先立て行くに…」とある）、一五日に大智院へ到着するが、その翌日に「快晴。森氏（藩医森如庵か）、折節入来《おりふしにゅうらい》。病躰談《びょうしんをだんず》。七ツ過（夕方五時）、平右へ寄。夜ニ入…」とあり、一カ所だけの「数呼び」が逆に不審である。大智院の東三、四〇〇メートルには長島城があり、揖斐川を挟んで南三キロ弱のところに桑名城がある。あるいは城の「時の太鼓・鐘」が間近に聞こえ、思わず時鐘式の書き方をしたのかも知れない。しかし全体的には、十二支呼びが原則である。

伊勢長島の大智院（アミカケは旧河川）

芭蕉の出立の像

曾良所縁《ゆかり》の大智院へは、ＪＲ関西線または近鉄の長島駅で降りる。駅南の総合自動車学校を越した長良川沿いの集落内にあり、駅から一キロほど歩く。門の左手に「蕉翁信宿《しんしゅく》（二泊の意）處」の碑が立つ。芭蕉の連泊は元禄二年（一六八九）九月七、八日のことで、このとき詠んだ《憂きわれを　寂しがらせよ　秋の寺》の句碑が庭に立つ。二年後の『嵯峨日記』（京都嵯峨にある去来《きょらい》の別荘落柿舎《らくししゃ》に滞在中の日記）に、同句の再案《うき我を　さびしがらせよ　かんこどり》が掲出《けいしゅつ》されているが、初案のほうがしっとりしている。

その『嵯峨日記』に「（元禄四年四月）一九日午《うま》半ば（午後一時ころ）、臨川寺《りんせんじ》に詣《もう》づ」、「廿五日、申《さる》ノ時（午後四〜五時）計《ばかり》ヨリ風雨雷霆《らいてい》（はげしい雷）、雹《ひょう》降ル」とあり、曾良と同じ十二支呼びである。類例を探して『奥の細道』をあたってみたが時制表記が見られず、ようやく芭蕉書簡集から三例を拾った。

「御むかへの人、此方《こちら》へ四ツ時に参候様《まいりそうろうよう》に…」
（元禄七・三・一六、木津彦七宛）

「毎晩七つ時より夜五つまで、さむけ・熱・頭痛参《まいり》候《そうらい》而《て》…」
（元禄七・九・二三、松尾半左衛門宛）

「頃日《けいじつ》の昼寝、其代《そのかわり》に夜前《やぜん》七ツ（前夜四時）まで寝られ不申候《もうさずそうろう》…」
（年月不詳・二七日、意専宛）

大智院門前の碑

落柿舎門前

書簡集を見る限りは数呼びだけで、十二支呼びは確認できなかった。改《あらた》まった場合は十二支呼びで、私信では数呼びということだろうか。

以上の例は、文左衛門の『鸚鵡籠中記』の傾向とほぼ一致する。やはり元禄のころは両様の呼び方の混在期であり、やがて数呼びが優勢になっていくのだろう。最後に数呼びの例を落語から拾い、江戸の町の代表的な「時の鐘」三か所を訪ねてみよう。

江戸芝切り通しの鐘

落語の「芝浜《しばはま》」は三代目桂三木助《みきすけ》の十八番《おはこ》だが、先ごろ亡くなった三遊亭円楽も得意とし、高座最後の噺が、「芝浜」だったと聞く。古今亭志ん生の「芝浜」が印象にあって、今でも「おまえさん……」というかすれた語り口がよみがえる。

○棒手振《ぼてふり》の魚屋《さかなや》勝つぁんは、腕はいいが、飲みはじめるとだらしなくなって、一〇日も二〇日も仕事を休んでしまう。大晦日《おおみそか》も近いある朝、カミさんに無理やり起こされ、渋々《しぶしぶ》浜へ出る。浜は当時「沙浜《すなはま》」と呼ばれた「雑魚場《ざこば》」である。江戸時代の魚河岸《うおがし》といえば日本橋が有名で（関東大震災で築地へ移転、二〇一六年一一月の豊洲市場への移転はとりあえず延期）、元旦以外は年中無休、一日千両の商いで賑わったというが、この芝浜は「芝雑魚場魚市場《しばざこばうおいちば》」と呼ばれ、おもに棒手振など零細の魚屋が、小分けされた魚を仲買人から買い付けた。

勝つぁんは浜まで来たが、いつもなら夜が明けるはずなのに辺りは暗く、問屋や仲買人の姿も見えない。そこへ切り通しの鐘が聞こえてきて、カミさんが一刻《いっとき》（二時間）間違えて起こしたことに気づく。しかし帰るのも面倒だから浜辺で一服《いっぷく》やっていると、砂に半ば埋もれた皮財布

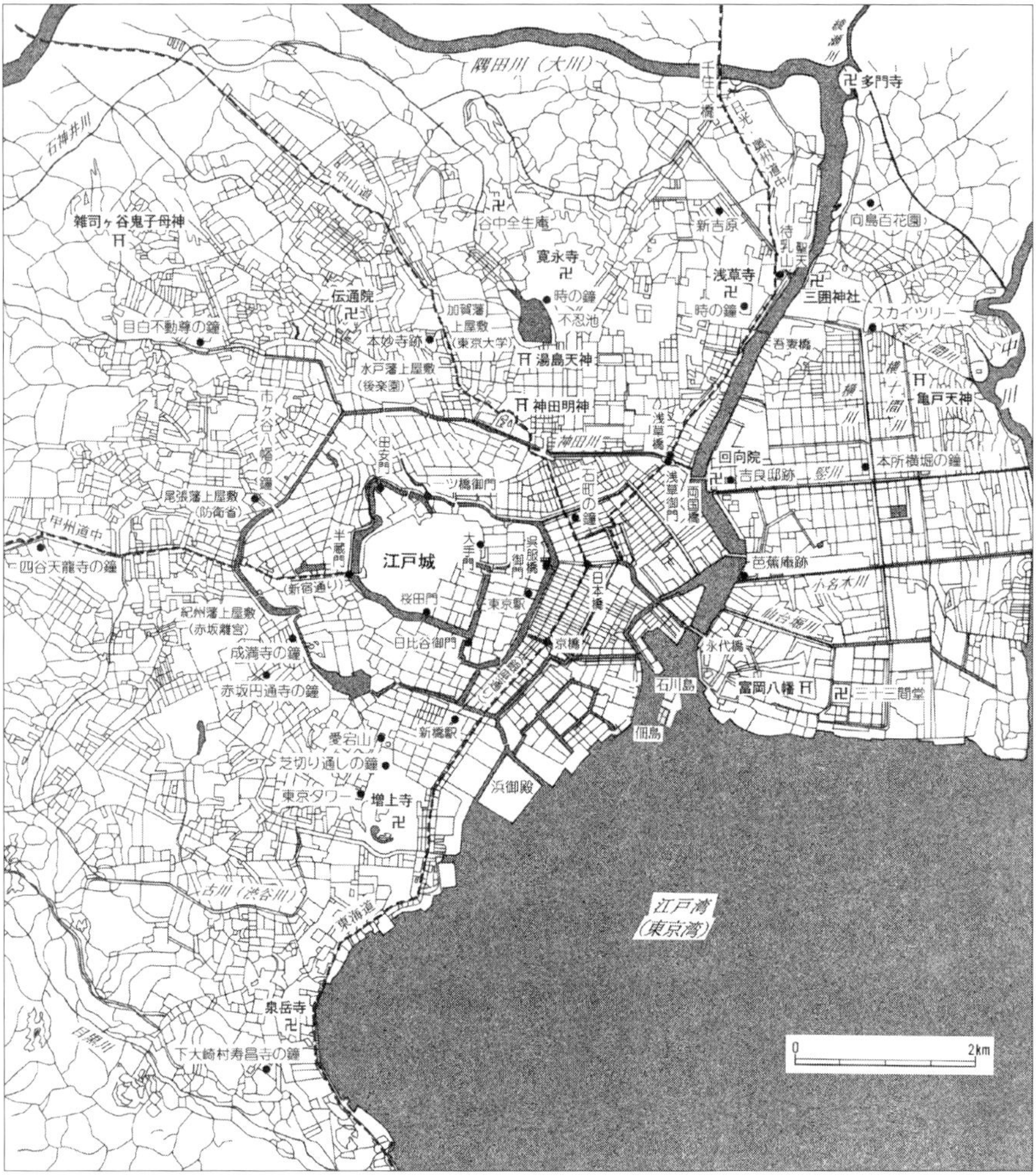
隅田川（大川）
千住大橋
日光・奥州道中
綾瀬川
多門寺
石神井川
中山道
雑司ヶ谷鬼子母神
谷中全生庵
新吉原
向島百花園
寛永寺
待乳山聖天
浅草寺
時の鐘
三囲神社
伝通院
時の鐘
不忍池
スカイツリー
目白不動尊の鐘
加賀藩上屋敷（東京大学）
本妙寺跡
北十間川
吾妻橋
湯島天神
水戸藩上屋敷（後楽園）
横十間川
亀戸天神
中川
市ケ谷八幡の鐘
神田明神
浅草橋
神田川
田安門
回向院
吉良邸跡
竪川
本所横堀の鐘
一ツ橋御門
石町の鐘
浅草御門
両国橋
尾張藩上屋敷（防衛省）
甲州道中
四谷天龍寺の鐘
半蔵門
江戸城
大手門
呉服橋御門
芭蕉庵跡
日本橋
小名木川
（新宿通り）
桜田門
東京駅
紀州藩上屋敷（赤坂離宮）
仙台堀川
日比谷御門
京橋
永代橋
成満寺の鐘
石川島
富岡八幡
三十三間堂
赤坂円通寺の鐘
佃島
愛宕山
新橋駅
芝切り通しの鐘
浜御殿
東京タワー
増上寺
古川（渋谷川）
東海道
江戸湾（東京湾）
泉岳寺
目黒川
下大崎村寿昌寺の鐘
0
2km

江戸のまちの時の鐘

が目にとまった。手に取ってみて中身の大金に驚き、すっ飛んで帰った。カミさんに数えさせると、二分金で四八両あった。勝つぁんは友達を呼んで祝い酒をあおり、そのまま寝込んでしまう。翌日同じように起こされ、財布の話をすると「夢でも見たんでしょ」とまるで取り合って呉れない。だんだん夢だったような気もしてきて、「ああ、そこまで正体を失くしてしまったか」と恥じ入り、酒をきっぱり断った。それからというもの夢中で働き、やがて店を構え人を雇うまでになった。そして三年後の大晦日の晩、カミさんは騙《だま》したことを打ち明け「もう大丈夫だから一杯おやりよ」と燗《かん》をつける。勝つぁん猪口《ちょこ》を口元まで持っていくが……「止《よ》そう、また夢になるといけねぇ」。

三遊亭円朝の三題噺《さんだいばなし》がモトと云われるが、筋がしっかりしているから芝居にも演じられた。カミさんが一時《いっとき》間違えたというのは、「暁《あかつき》七ツ」の鐘を「明け六ツ」の鐘と勘違いしたのだろう。旧暦正月前の「大寒《だいかん》」の節気《せっき》なら、江戸の「暁七ツ」はいまの午前四時六分、「明け六ツ」の鐘は六時一三分に鳴り、日出は六時四九分である。勝つぁんが愚痴をこぼしながら浜に着いたのが六時前で、やがて明け六ツの鐘を聞き「ああ、切り通《どお》しの鐘だぁ。いい音色じゃねぇか、海へピインと響きやがる。まてよ……一つ時を違《ちげ》えてやがる」とぼやく。この「切り通し」の時の鐘は、浜から西の芝増上寺《しばぞうじょうじ》と愛宕山《あたごやま》（愛宕神社）との間にあり、江戸切絵図の「芝口南西久保愛宕下之図」にも「時ノ鐘」と記した場所が載っている。いまの地図に重ねてみると、西新橋三丁目交差点の北西角、

棒手振りの魚屋（喜田川守貞『守貞謾稿』）

森タワービルのあたりになる。

一方の芝浜は、山手線田町《やまのてせんたまち》駅のすぐ東である。山手線の新橋駅から浜松町駅、田町駅、品川駅をむすぶ鉄道のラインはかつての海岸線で、田町駅の東側一帯は「沙浜《すなはま》」と呼ばれた。いまの「本芝公園《ほんしばこうえん》」あたりである。魚屋の勝つぁんとカミさんの人情噺はフィクションだが、切り通しの「時の鐘」と芝浜の「雑魚場」は実在である。両者の距離は一・七キロ、交通騒音などほとんど無かった江戸時代には、さぞ気持ちよく響いたことだろう。

「芝切り通し」の時の鐘は、もともと西久保八幡宮《にしくぼはちまんぐう》にあったという。八幡宮は、麻布台《あざぶだい》から東へ延びる丘の先にある神社で慶長五年（一六〇〇）の創建、境内地に縄文貝塚があることでも知られる。この神社に鋳物師《いもじ》の長谷川豊前《ぶぜん》なる人物が時の鐘を設置（元和元年）、のちに村の名主《なぬし》若松藤右衛門《とうえもん》がこの鐘を譲り受け、代々鐘撞人《かねつきにん》の仕事を務めた。やがて鐘が破損し、三年間の空白が生じたが、延宝二年（一六七四）、八幡から場所を西へ五〇〇メートル移し、「切り通し」北の増上寺飛び地に鐘撞堂《かねつきどう》が再建された。増上寺でも朝四つ・夕七つに鐘を撞いたが、これはあくまで朝、夕の勤行《ごんぎょう》合図で、いわゆる「時の鐘」ではない。

芝公園の東照宮から北を見る（左から東京タワー、増上寺。森タワービル）

かつての芝浜（本芝公園）

芝周辺図（右下が旧芝浜。右上に愛宕下の時の鐘）

上野寛永寺の時の鐘

上野の東叡山《とうえいざん》「寛永寺」（台東区上野公園）は、比叡山《ひえいざん》「延暦寺《えんりゃくじ》」の江戸版である。家康から家光まで三代に仕えた長寿の天台僧天海《てんかい》（一五三六？〜一六四三）は、平安のむかし桓武天皇が最澄を招いて叡山に勅願の延暦寺を建てた例にならい、江戸城の鬼門にあたる上野の山に幕府祈願の寺を建てることを進言、寺名はときの年号をとって寛永寺、山号を東の叡山すなわち東叡山とした。家光の寛永二年（一六二五）に創建、その遺言により増上寺とならぶ将軍家菩提寺となり、のちに家綱、綱吉、吉宗、家治、家斉、家定ら六将軍が葬られた。

寛永寺の時の鐘は、寛文六年（一六六六）創設説のほか寛文九年説があるが、後者が有力らしい。初代鐘撞人《かねつきにん》は柏木源兵衛好古《よしふる》という天海僧正《そうじょう》ゆかりの人物で、彼の設置願いに対し寺社・町・勘定三奉行が認可を与えた。八丁四方の町方はもちろんのこと、武家方、寺社方からも鐘撞銭を徴収したから、三奉行が関わったのだろう。鐘は以来何度も改鋳を重ねたが、天明七年（一七八七）鋳造の鐘が、いまも朝夕の六時と正午に撞かれていて、江戸府内唯一の現役である。

ＪＲ上野駅の公園口を出て、動物園正面へ至る通りの南を精養軒と表示した標識に沿って進む。鐘楼は、精養軒の南に隣接してある。いまの寛永寺本堂は上野恩賜公園の北の外れ、一五代将軍慶喜公が恭順の意を表した大慈院の場所にあるが、江戸時代は上野山の大半を寛永寺が占め、三〇万坪の広大な境内を所有した。

《花の雲　鐘は上野か　浅草か》

貞享四年（一六八七）の春、芭蕉は深川芭蕉庵から隅田川対岸の上野、浅草方面を眺めなが

上野寛永寺の時の鐘（精養軒の南）

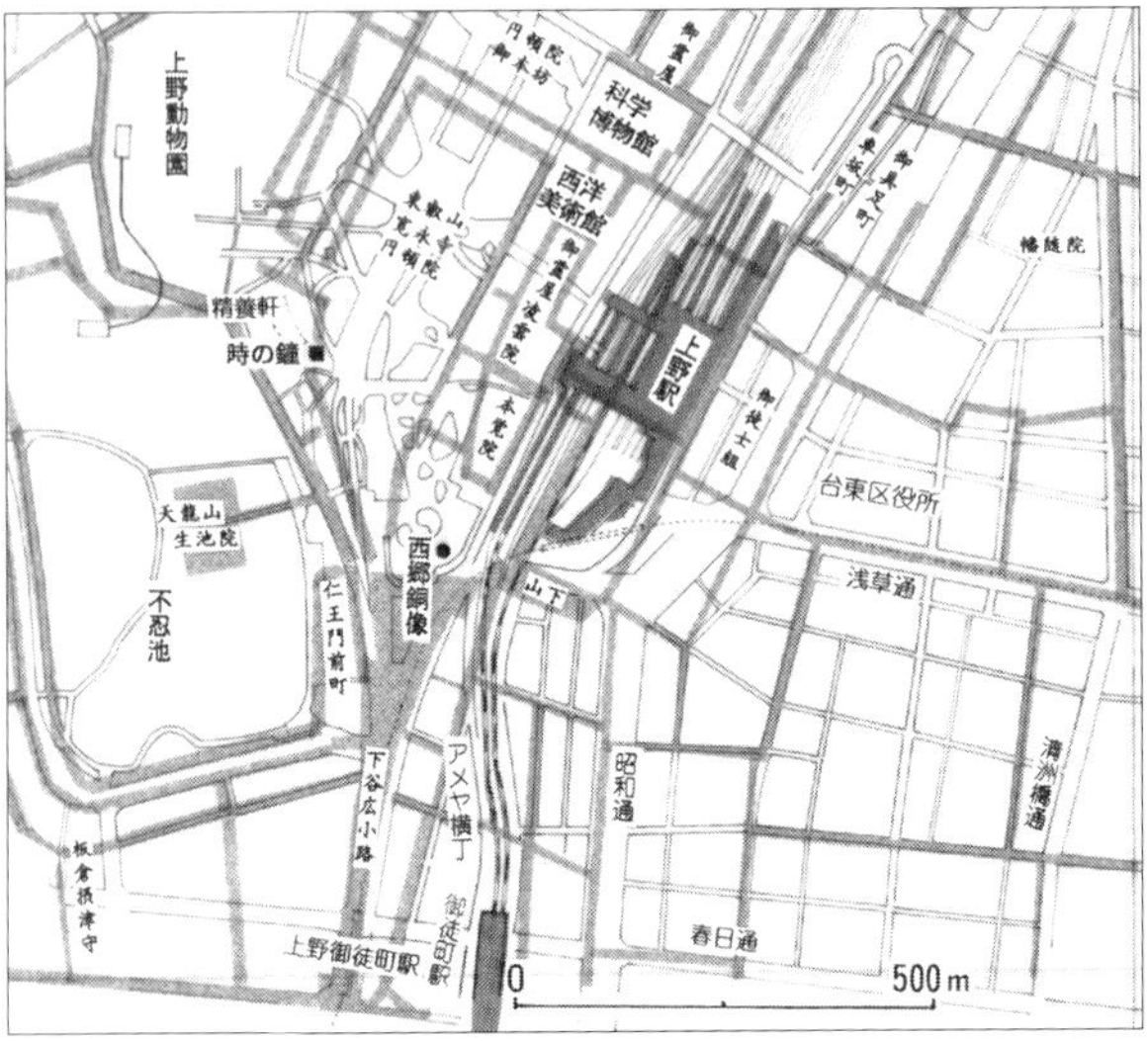

上野寛永寺の鐘楼

ら、一句を吟じた。川の堤からはじまった花の帯が、幾重にも重なる様《さま》はまるで雲のようだが、折しも時を告げる鐘の音が聞こえてきて、上野寛永寺《かんえいじ》、浅草浅草寺《せんそうじ》のどちらとも判じ難い。物憂さも手伝って、気が遠くなりそうな春の一日である。

浅草寺の時の鐘

室町時代末の『浅草寺縁起』は、浅草寺（台東区浅草二丁目）創建が飛鳥時代にさかのぼることを伝える。推古天皇三六年（六二八）、漁師が隅田川（古くは宮戸《みやと》川）から金色の観音像を引き上げ、主人の土師直中知《はじのあたいなかとも》の家に祀った。これが浅草寺の起源とされ、漁師二人と中知は、境内に置かれた浅草神社《あさくさじんじゃ》に守護神として祀られている。境内からは八世紀の遺物が出土していて、古い寺院であることは確からしい。家康の入府当時、すでに浅草寺の名は東国に知れ渡っていたといわれる。慶長五年（一六〇〇）の関ヶ原合戦時に、戦勝を祈念して霊験が証され、境内に東照宮の造営が許された。上野寛永寺が江戸城の鬼門とされる以前は、浅草寺が鬼門とされ、実際方角的には浅草寺の方が北東に近い（『江戸の時刻と時の鐘』）。

浅草寺の時の鐘は、ＮＨＫ「ゆく年くる年」の除夜の鐘としてよく登場した。雷門から仲見世を宝蔵門へ向かい、店が途絶えたところから右へ折れると弁天山があり、山上に弁天堂と鐘楼が建つ。山上といっても麓《ふもと》の小公園から二〇段ほど階段を上る高さで、近くの説明版に「鐘は元禄五年（一六九二）改鋳のもの」とある。続けて芭蕉の句を記しているが、芭蕉の句は五年ほど早く、いまに伝わる元禄の鐘ではない。改鋳前にも継続して撞かれていればよいが、仮に長く中断していたとすれば、芭蕉の句に影響する。

名古屋の時の鐘

名古屋城下の時の鐘は、碁盤割の中央の「桜の天神」にあり、また城下の南玄関口にあたる宮《みやの》宿《しゅく》では、熱田神宮前の「蔵福寺」にあって、明治にいたるまで時を報《しら》せた。

桜の天神は、碁盤割の東西線「桜ノ町筋」に面していた。明治一九年（一八八六）開業の「名古屋停車場」は、昭和一一年（一九三六）に笹島からいまの名古屋駅の場所に移転した。このとき駅前から東桜町《ひがしさくらちょう》まで幅二四間（四四メートル）の「桜通《さくらどおり》」が新設され、堀川《ほりかわ》東岸から久屋町《ひさやちょう》通までは桜ノ町筋《ちょうすじ》と重なった。桜ノ町筋の本町から長島町間をとくに「小桜町《こざくらちょう》」と称したのは、町内に「桜天神社」があったためで、桜天神の由来は、境内の桜の神木《しんぼく》に因《よ》るという（『金鱗九十九之塵《こんりんつくものちり》』）。

桜の天神の祭神は、菅原道真である。天文《てんぶん》年中（一五三二～一五五五）末森《すえもり》城主だった織田信秀が、京都北野天満宮から道真の木像を持ち帰り城内に安置した。天文九年（一五四〇）、万松寺《ばんしょうじ》が城南

浅草寺の時の鐘

浅草寺の鐘楼

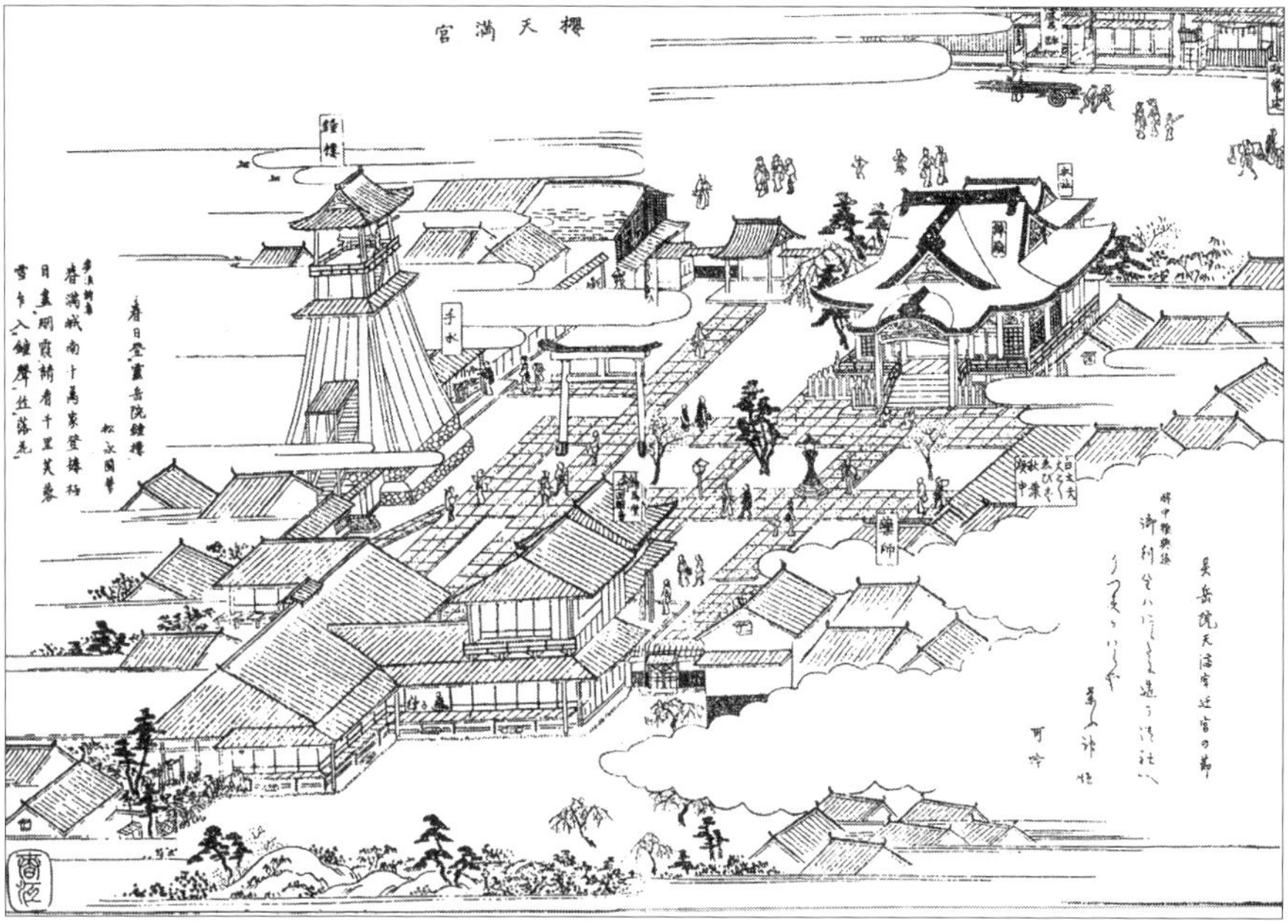

桜天満宮（『尾張名所図会』）

の名古屋村に創建されたとき、その一角に鎮守として天神社を建て、この道真像を安置した。慶長一五年（一六一〇）の名古屋城築城の折、万松寺は二万余坪の土地をもらって大須へ引っ越したが、天神社と霊岳院《れいがくいん》は残った。のち万治《まんじ》三年（一六六〇）の大火で桜の神木は焼亡、翌年の復興時に社殿の南に鐘楼《しゅろう》をつくり、新しい大鐘を吊るして、城下に時刻《とき》を告げることとなった。

鐘楼は高さが二丈五尺（七・五メートル）、基礎の広さは三間四方（一辺の長さ五・四メートル）で瓦葺だった。万治四年は四月二五日に寛文《かんぶん》と改元、その翌日の四月二六日（西暦一六六一年六月二二日）に、新たに鋳造された大鐘（万治四年三月銘あり）が吊り下げられ、卯刻《うのこく》（明け六つ・午前四時二分）を打った。ただしこれが城下初の時の鐘かというと、そうでもないらしい。

『名古屋市史』地理編によると、「いつ

頃からか三の丸の東照宮神宮寺で時の鐘を撞いていたが、府下全体には届かないので、光友公のとき町の中心に位置する桜の天神に変えた」とある。この時の鐘を維持するため御納戸《おなんど》から小判一四〇両を借り受け、その利子一九両一分が運営費にあてられた。記録によると「鐘撞人四人の給金一六両、鐘撞堂の地代二両、時を計るための抹香《まっこう》代、釣縄代、その他諸色が一両一分、合計一九両一分」とある。

鐘撞人ひとりの給金は四両になるが、当時家僕《かぼく》などの使用人は年一両が相場で、住み込みだから家賃・食事代はかからない。それでも四両の方が少し上だろう。彼等の仕事は案外きつかった。鐘を打つだけでなく、香時計で時を計らなければならない。香時計は箱に不燃物を敷き、コの字形の連続する溝に抹香（香木の粉末）を並べ、一方から火をつけて燃えた長さで時を計る。一定間隔に刻《こく》を記した小さな札を立て、札ごとに鐘を撞くのである。橋本万平氏の本に、「いま香時計を用いているのは東大寺二月堂のお水取り行事だけ」と紹介してあった。蚊取り線香も香時計のようなもので、渦巻きが燃え尽きるのに、平均睡眠の七時間かかるそうだ。

東桜《ひがしさくら》の交差点から桜天神までは歩いて五、六分。参道が桜通に面しているものの、残る三方をビルに囲まれ、辛うじて呼吸をしているといった体《てい》である。それでも小ぶりながら入口に「鐘楼《しゅろう》」が復元され、城下の「時《とき》」を支配した面目をわずかに保っている。場所は桜通本町《さくらどおりほんまち》バス停の前、本町交差点と長者町交差点の中間になる。

一方、大須へ移転した亀岳山《きがくさん》「万松寺《ばんしょうじ》」（現、中区大須三丁目）は、義直の正室高原院《こうげんいん》（春姫）が八世の住持明谷《みょうこく》に深く帰依したこともあって大いに栄えた。高原院は没後万松寺に葬られ、そのとき建てられ御霊屋《おたまや》は、大正三年（一九一四）建中寺《けんちゅうじ》へ移されたが、さらに戦後、戦災で焼失した東照宮の本殿として移築され、いまも目にすることができる。すばらしい建物である。

万松寺の名は、織田信秀の法号「万松院殿桃巌道見」によるとされるが、逆に寺号のほうが先とする説（『名古屋市史』社寺編）もある。また別に法号の「桃巌《とうがん》」をとった「桃巌寺」（千種区四谷通）も、信秀の菩提寺として知られている。万松寺は当初白坂《しらさか》（瀬戸市）雲興寺《うんこうじ》の末寺《まつじ》だったが、享保《きょうほう》八年（一七二三）総持寺《そうじじ》の末寺に変わった。

『鸚鵡籠中記』に、「桜の天神」の話が出てくる。

○亭午《ていご》より、予、小出晦哲《かいてつ》・天野源蔵《げんぞう》・平沢藤九郎・西郷八郎右衛門・大津新左衛門と共に桜之天神霊岳院《れいがくいん》へ行く。夕飯給《た》ぶ。ひさや全泉庵も来る。麁相《そそう》なる調菜なり。禁酒なれども天神への御酒は苦しからずとて、これを給《た》ぶ。申《さる》の尅《こく》前に三《みつ》淵正眼寺《ぶちしょうげんじ》来る。ゆえにそれより常瑞寺《じょうずいじ》へ行く。囲碁口を扣《たた》く。吸物出（竹の子・魚）、その外取《と》り肴《ざかな》、のり等の吸物種々出る、大酒して興ず。闌《たけなわ》にして笑いどよめく。帰り来たれば四ツ過ぎなり。（元禄七・五・一二）

日記の「元禄七年五月一二日」は、西暦の一六九四年六月一一日にあたる。亭午（正午）から、小出、天野氏ら五人と桜天神の霊岳院へ行き、夕飯をご馳走になった。ここはお酒がダメなはずだが、お神酒と称して飲んだ。ツマミのおかずは、あまり上等とはいえず、夕方五時前に小牧三ツ淵正眼寺の住職が加わったのを

千種区四谷通の桃巌寺

桜天神前の小さな鐘楼

機に、天神から二筋南の本重町《もとしげちょう》筋《すじ》常瑞寺へ場所を移した。囲碁に興じたり歓談したり、とにかく大いに飲んで、帰宅したときは夜一〇時半をまわっていた。

『日記』にはもう一カ所、「桜の天神」のことがでている。

○十一月大朔日《ついたち》　丁丑《ひのとうし》。夜微雪。町ノ冨人ヲ桜ノ天神へ集メ、御金御借被成事《おかりなされること》ヲ申渡ス。惣高《そうだか》一万五千両。人数二百七十人。（元禄一〇・一一・一）

一一月一日、町奉行は市中の富商二七〇人を桜の天神に招集し、一万五千両の調達金を申し渡した。桜の天神は碁盤割の真ん中にあり、高い鐘楼が目印となることから、こうした集会にも使われたらしい。富商を集め借金の申し入れを行ったのだが、このとき町方だけでなく別に富農たちからも一万両の借金をしている。すでに藩の財政は逼迫《ひっぱく》しており、それに拍車をかけたのが、四カ月前に内示された将軍の「御成《おなり》」である。

○十八日　公（綱誠）登城アリ。来春大樹《たいじゅ》（綱吉）、公ノ亭ニ至ル可シト云々。（元禄一〇・七・一八）

綱吉は、大名の藩邸やお気に入りの幕臣の屋敷へたびたび出かけている。御成りは、もともと将軍の権威を見せつけるためのものであったが、やがて受ける側の名誉とされ、もてなしの豪華さを競うようになった。すでに紀伊藩に先を越されており、尾張は御三家筆頭の面目にかけて実現させたかった。七月一八日、ようやく来春御成りの内示があった。

まず取りかかるのは、将軍を迎えるための「御成御殿《おなりごてん》」新築である。尾張藩上屋敷《かみやしき》は市ヶ谷、いまの防衛省敷地がそうだが、御殿新築のため近くの麹町に添地《そえち》を賜った。新宿通りを渡った南側、上智大学の構内で、市ヶ谷の上屋敷から南へ七〇〇メートルの距離にある。当主綱誠《つななり》へ父光友から木材と二万両が贈られ、母千代姫（家光の娘）からも二万両が贈られた。御殿は九〇間（一六四メートル）の棟続きで、廊下だけでも約五〇間（九〇メートル）あり、来客、家中の者併せて延べ八万二千人を饗したという（『新編名古屋市史』）。殿舎だけで一一万両かかったのでは、父母からの援助も焼け石に水だったろう。町民・農民から調達した二万五千両でも間に合わず、御成りの二ヵ月後、今度は組頭の冨永彦兵衛の名で文左衛門など藩士たちにも廻状が来た。元禄一一年五月二九日の日記に「去年また物入りの事があったので、従来七升の口米《くちまい》（付加税）に二升を上乗せ、石高一石につき九升当ての増上米《ましあげまい》を今後五年間お願いしたい」という内容である。

しかし上には上がある。元禄一五年四月に行われた加賀藩前田家の御成りでは、ついに接待費が一〇〇万両（いまの一五〇〇億円）を超え、あとに三六万両の借金を残した。誰の目にも行き過ぎは明らかで、さすがに綱吉の御成りも、以後慎まれたという。

尾張藩市ヶ谷邸と麹町邸（現防衛省と上智大学）

上智大学構内の屋敷跡碑

時の鐘に戻ろう。桜の天神の鐘は名古屋御城下に響き渡ったが、名古屋の玄関口にあたる宮宿《みやのしゅく》では、蔵福寺の鐘が時を知らせる。

蔵福寺の時の鐘

宝亀山蔵福寺《ほうきさんぞうふくじ》は「浄土宗西山《せいざん》派で、熱田区市場町《いちばまち》の西側にあり、もと伝馬町正覚寺《てんまちょうしょうがくじ》の末寺にして創建年次詳《つまび》らかならず」（『名古屋市史』社寺編）とある。慶長年中の火災で記録を悉《ことごと》く失い、再建にあたった伝空周賢《でんくうしゅうけん》（慶長四年没）を中興開山としている。

延宝《えんぽう》四年（一六七六）六月、藩主光友から高さ二丈五尺（七・五メートル）・基礎部分二間四尺（四・八メートル）四方の鐘楼が寄進され、隣接して二間半（四・五メートル）四方の鐘撞き仲間《ちゅうげん》部屋（香《こう》部屋）も設けられた。鐘には「延宝四年立秋」の紀年銘があり、藩の鋳物師頭《いもじかしら》水野太郎左衛門政長が鋳たものである。この時期政長の手になる寺鐘が多く造られ、寛永二〇年（一六四三）から元禄四年（一六九一）までの間に、相応寺《そうおうじ》、犬山妙感寺《みょうかんじ》、真福寺《しんぷくじ》、含笑寺《がんしょうじ》、白林寺《びゃくりんじ》、善篤寺《ぜんとくじ》、円通寺《えんつうじ》、政秀寺《せいしゅうじ》、栄国寺《えいこくじ》など二〇か寺以上に及ぶ（『新編名古屋市史』第三巻）。

いまも市場町の通りは残る。国道一号から北へ、熱田神宮南門へ直接通じる道で、年中「蓬莱《ほうらい》軒《けん》」のうなぎを焼く匂いが漂っており、店の前の石垣に沿った行列も毎度のことだ。元禄の頃はこの店を含め裏の松姤社《まつごしゃ》参道（旧ソブクメ通り）まで一ブロックすべてが、林桐葉《とうよう》の屋敷だった。熱田の問屋場を代表する商人であり、俳人であった。芭蕉は名古屋を訪れる際、必ず桐葉亭に何日か宿泊し歌仙を巻いている。その桐葉亭（いまの蓬莱軒）に向かい合って、蔵福寺（神宮二丁目）がある。

蔵福寺の鐘は仲間《ちゅうげん》三人で維持されており、手当ては一七両二分だったという（『名古屋市史』地理編）。

熱田神宮南の新旧対照図（アミカケは旧道）

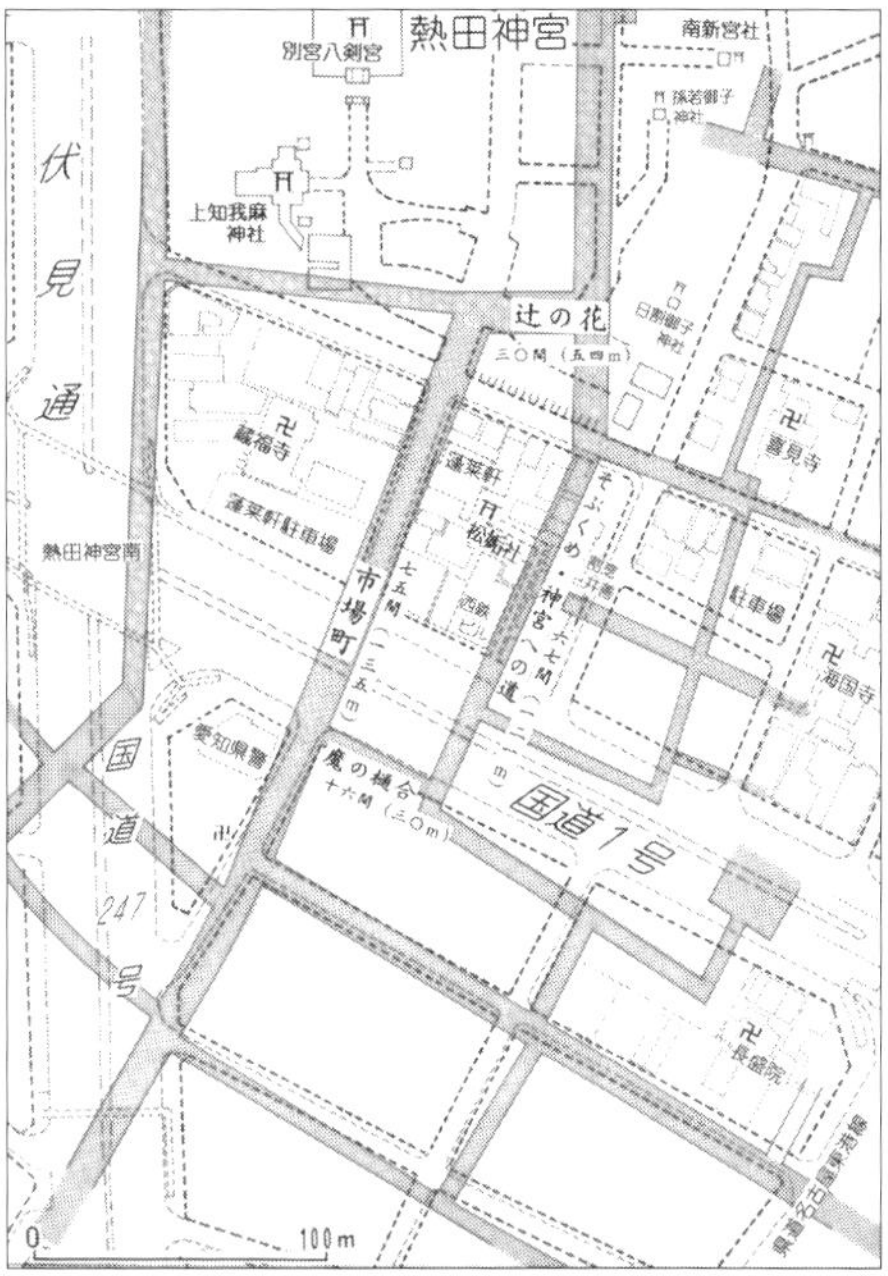

蔵福寺の境内に置かれていた鐘（現在は名古屋市博物館で展示）

おそらく抹香代や夜間の油代も含まれていたのだろう。桜の天神は一人の手当て四両だったから、それより少しよかったのかも知れない。明治四〇年に廃止された後、戦災で鐘楼は焼失したが、延宝四年鋳造の鐘は無事で先ごろまで境内に置かれていた。そのうち鐘楼が復元されるかもしれないと楽しみにしていたが、最近見なくなった。ご住職にお尋ねすると、名古屋市博物館が引き取ったとのこと、その足で博物館を訪ね、展示室で無事対面できた。

鳴海如意寺と清洲清凉寺の時の鐘

桜の天神、熱田蔵福寺以外に名古屋郊外の時の鐘についても、『鸚鵡籠中記』は触れている。

○去年、関東の令によりて海道の諸駅時のかねを置き、辰《とき》を守らす。あるいは撃柝《げきたく》にて時を告ぐ。

清須は去るころ、清涼《ママ》寺に鐘出来《しゅったい》す。銘は柴山百助（清須のお代官なり）。今月鳴海の時鐘を鋳る。護頭山如意寺に懸かぐ。銘は三宅善八請うによりて、天野源蔵作る。年号の下に天野信景謹銘と書し、邑宰《ゆうさい》三宅善八藤原重行、護頭九葉、海岑和尚および鋳匠の名、御国奉行の姓名をも書きつらぬ。　（正徳二・七・六）

宝永六年（一七〇九）の正月に綱吉が没し、六代家宣が継ぐ。柳沢吉保に代わって新井白石が登用され、宝永八年は正徳と改元された（四月二五日）。『鸚鵡籠中記』に云う「去年の関東の令」を『徳川実記』（第七編）でたしかめると「駅路制」遵守のことが見える。これを受けて藩では近隣の宿駅に「時の鐘」設置を命じたのであろう。名古屋近辺では美濃街道清須《きよす》宿と東海道鳴海《なるみ》宿に設けられたが、清須では五条橋に近い清涼寺《せいりょうじ》の鐘を仮に「時の鐘」としたが、音も小さいため翌年新たに鋳造した。

清洲城と清涼寺

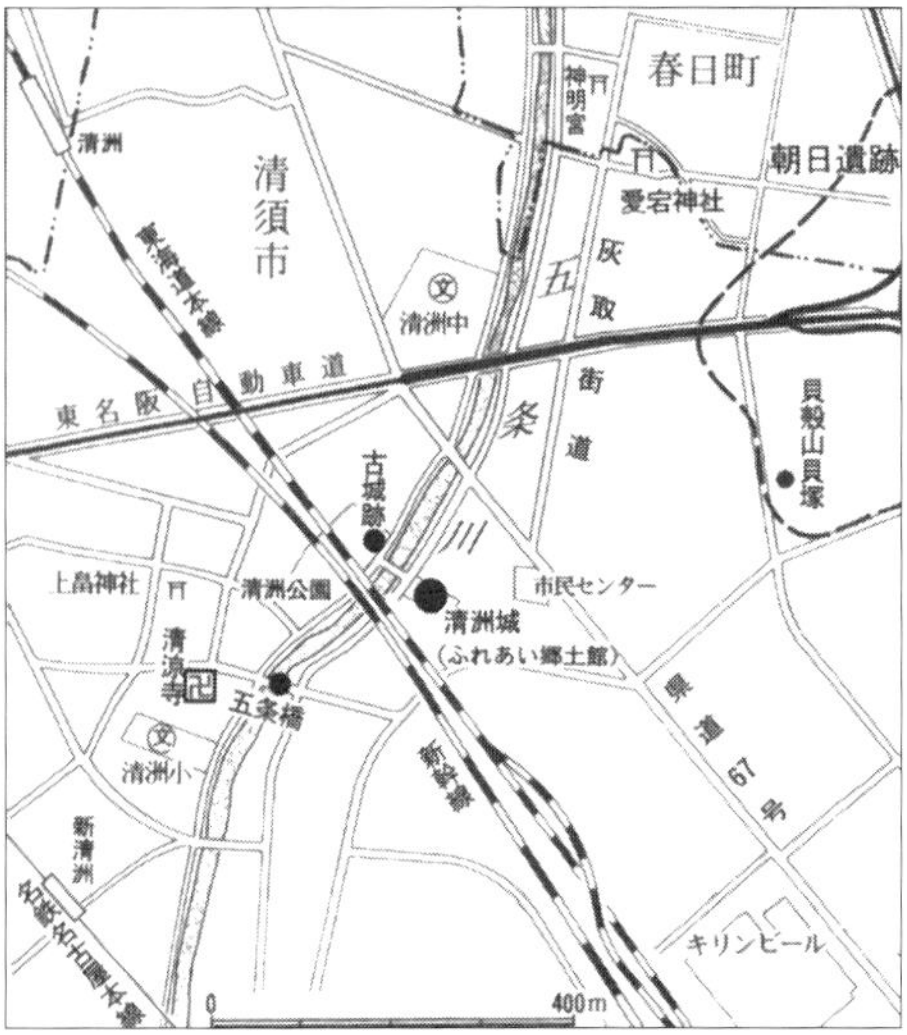

清涼寺の鐘楼門（2階に鐘）

洪福山《こうふくさん》清涼寺（曹洞宗）は、海東郡土田村《つちだ》にあった正法庵《しょうぼう》を、寛永年間（一六二四～四四）現在地へ移し、万治年中（一六五八～六一）にいまの寺号に改めた。正徳二年に新鋳した鐘には「尾州春日井郡清洲駅報時鐘銘并叙」と題する銘文があり、《辛卯《しんぼう》の歳《とし》、台命《たいめい》有り、漏刻を駅舎に置き時を人民に報ぜしむ。是において清洲駅に設け……》といった一文が記されている。起草したのは郡奉行の柴山百助、鋳造者は水野太郎左衛門政良である。

柴山百助は、朝日文左衛門の母方の親戚である。文左衛門の母は御城代組小頭《こがしら》渡辺源右衛門の妹だが、母の妹が柴山弥左衛門（幸永）の妻で、その子永誠と永郡（弥左衛門）は、文左衛門の従弟にあたる。永誠の子が百助（幸昆）で、宝永三年（一七〇六）に郡奉行、正徳三年（一七一三）に水奉行になった。その郡代官時代に、清須清涼寺に時の鐘が懸けられたわけだ。

【朝日家母方の家系】

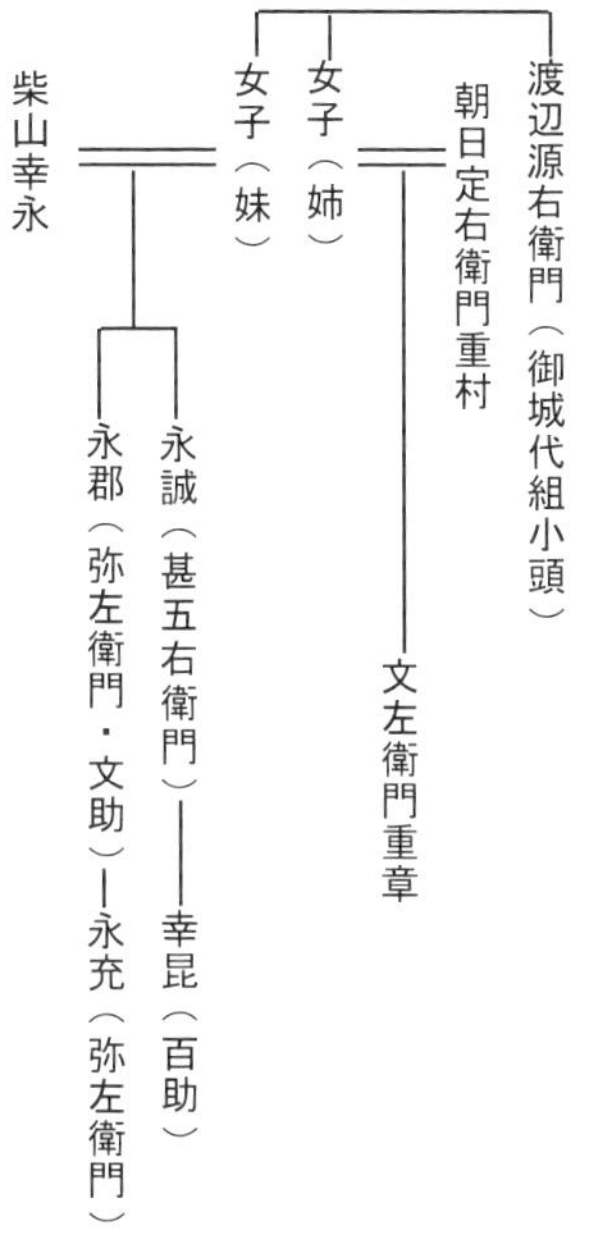

もうひとつが鳴海の頭護山如意寺の鐘である。『日記』では山号を護頭山と記すが、『尾張名所図会』『愛知県の地名』は頭護山として、前者は「づごさんにょいでら」、後者は寺名のみ「にょいじ」

と訓じている。曹洞宗で、同じ鳴海宿所在の瑞泉寺《ずいせんじ》末寺。『図会』は『地蔵霊験記』が記す如意寺の縁起を次のように紹介している。

「藤原元命《もとなが》は凶悪の人で鳴海に住んでいたが、夜な夜な忍んで通う処があり、ある夜明けの帰宅途中、地獄沢という小川にさしかかると、氷が張っていて危ないので、従者に近くの卒塔婆《そとば》を引き抜かせ、それを橋代わりにして渡った。その報いか、間もなく元命・従者とも大病を発し、閻魔大王の前に引き出されたが、地蔵尊が現れて詫びてくれたので蘇生できた。しかし元命の悪事は止まず、やがて国人《くにびと》に憎まれながら世を去った。従者の方は心を入れ替え、六角の伽藍を営んで地蔵の大像を安置した」

藤原元命は、『尾張国解文』でその非政を郡司・百姓から訴えられた悪名高き人物である。尾張国国府はいまの稲沢市にあり、たとえ縁起ばなしにせよ鳴海に住んでいたとするのは不思議である。こののち如意寺は衰微するが、応安五年（一三七二）に長母寺の無住国師が中興したと伝える。ただし無住の没年は正和元年（一三一二）で、年代的には合わない。

この如意寺に正徳二年（一七一二）、時の鐘が設置された。鐘銘を起草したのは天野信景で、その著『塩尻』（巻六七）に「頭護山如意寺を尋ねはべる」と記し、先の藤原元命の縁起話に触れたあと「此の寺の鐘は関東の命によって鋳給いし頃、予その銘を書し、そのかみの事も思われ、楼に上りて見はべる」と述べ、《藻汐草　かきをく海士の　かたみとも　われからみつる　水茎のあと》の一首を添えている。「（藻汐草のように）かき集めて置かれた筆の跡（水茎の跡）は、まるで海士《あま》の形見のようだ」の意であろうか。しかしこの鐘は吉宗の倹約令により、享保九年（一七二四）知多郡の大御堂寺《おおみどうじ》へ売却され、さらに翌年常滑《とこなめ》の正住院《しょうじゅいん》へ移されたという（榊原邦彦『緑区の歴史』）。

このほか年代が前後するが、貞享元年（一六八四）光友が江戸で購入した鐘を知多郡横須賀村　長《ちょう》源寺《げんじ》の時の鐘としたところ、鋳物師頭水野太郎左衛門から「他国鐘の尾張持込禁止」の申し出があり、これを彼に払い下げて改鋳させる一件があったという（『新編名古屋市史』第三巻九章）。

以上が、名古屋城下およびその周辺における「時の鐘」である。

【コラム】和時計

和時計《わどけい》については「一六世紀半ば、フランシスコ・ザビエルが大内義隆《よしたか》に機械時計を献上、《自鳴鐘《とけい》》とよばれたが、これを江戸時代に日本の時制に合うよう改良したのが《和時計》である。時計は世界中どこでも同じスピードで二四時間を刻むから、《定時法》を前提とした計器である。これを《不定時法》の国の職人が真似《まね》てつくり、ちゃんと使えるようにしたのはすごい」という解説を目にする。添付される資料写真は、多くの場合《二丁天符《にちょうてんぷ》の櫓《やぐら》時計》であり、その形には何となく惹《ひ》かれるものがある。

まず一番上に、お椀《わん》を伏せたかたちの鐘《かね》がある。刻《とき》の数を打つ装置で、《自鳴鐘》と呼ばれるゆえんである。九ツから四ツまでの数のほか、奇数半刻《はんとき》ごとに一点打、偶数半刻ごとに二点打する。お椀鐘の下にある二本の横棒は棒テンプとよばれ、イタリア語の「テンポ」に由来するが、日本語では「天符《てんぷ》」と書く。「チクタク」と左右に振れて時を刻むのがこの箇所だが、よく見るとテンプの両端近くに分銅《ふんどう》が垂れ、上の昼用の方が、下の夜用より間隔が広い。広い方が回転が遅くゆっくり時を刻むから、この時計は昼間の長い夏用にセットされているはず。夏（夏至～小暑）の明け六ツと暮れ六ツは、名古屋辺では午前四時頃と午後八時前だが、暮れの六点を打つと同時に、上のテンプから下のテンプへ自動的に切り替わり、夜間の刻《とき》を刻《きざ》みはじめる。文字盤は現在の一二時の位置

和時計の仕組み（一丁テンプ式）

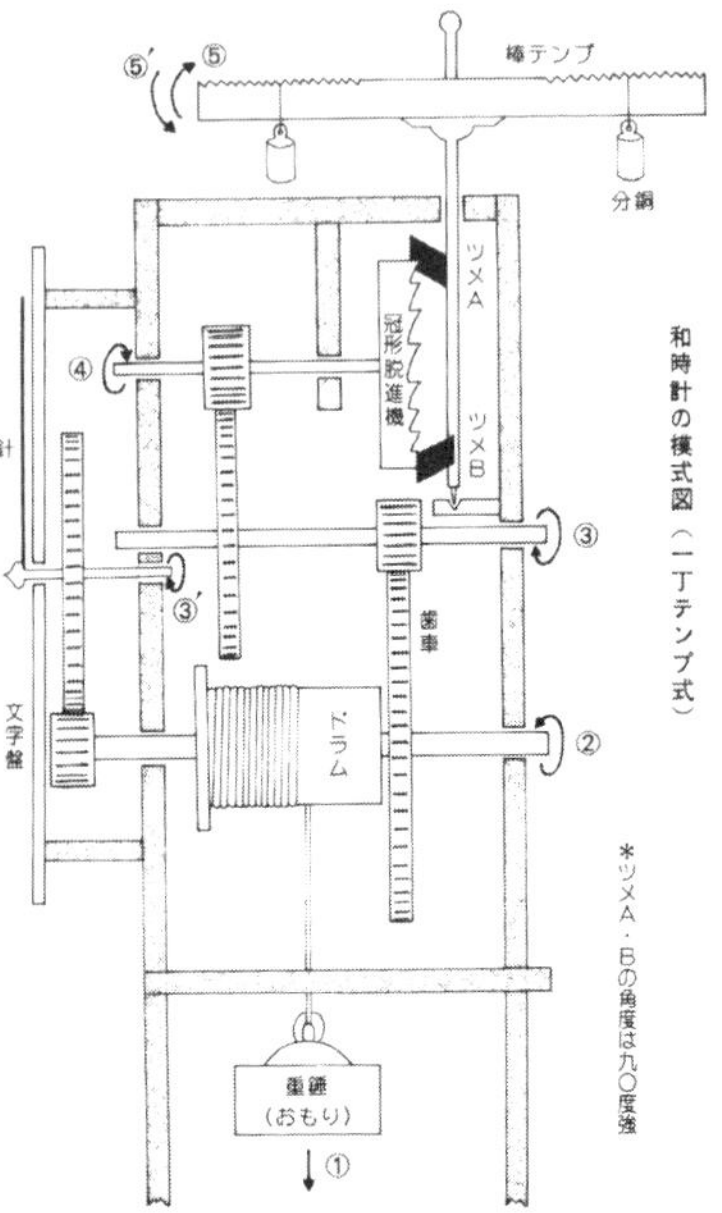

二丁テンプの櫓時計

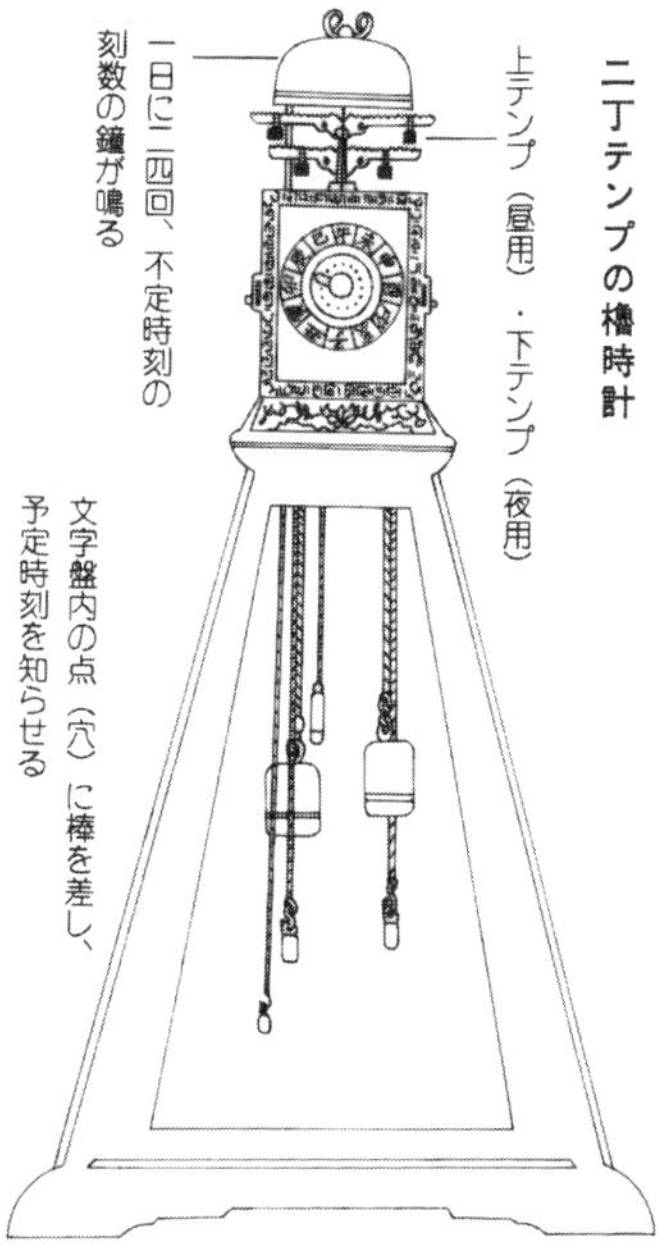

に「午《うま》」とあり、真下に「子《ね》」刻が来る。十二支で二四時間をあらわすから、文字間は二時間、間に半刻《はんとき》が入って計二四度の打鐘となる。

次に、時を刻むメカニズムについて、最も簡単な一丁テンプの模式図を使って説明しよう。動力源は重《おも》りで、紐《ひも》が下《さが》り、ドラムは向こう側に回転する。以下歯車の回転伝達で、④軸までの動きは理解できるだろう。

④軸の右端にある冠《かんむり》形《がた》脱進機《だっしんき》は、重りを一気に落下させない工夫の箇所。棒テンプの心棒に付いたツメAを向こうに押しやると、すぐに下の歯がツメBを手前に戻すから、テンプは二つのツメの角度内で往復運動をくり返す。この脱進機こそ時計の命であり、のちに改良されるが、元々の機械時計の原点はここにあるといっても過言ではない。

【コラム】水落遺跡の漏剋遺構

『日本書紀』斉明六年（六六〇）五月是月《このつき》条に、「皇太子（中大兄《なかのおおえ》皇子、のちの天智《てんじ》天皇）初めて漏剋《ろうこく》を造る。民をして時を知らしむ」とある。漏剋（漏刻とも）とは、水を出す壺（漏壺《ろうこ》）とそれを受ける壺（箭壺《せんこ》）から構成される水時計のことで、漏壺の「漏」と箭壺の中で上下する箭剋《せんこく》（目盛りを刻んだ箭《や》）の「剋」をとって、「漏剋」とよばれた。昭和五六年（一九八一）一二月、この漏剋を設置したと思われる遺構が、明日香《あすか》村の「水落《みずおち》遺跡」（国史跡）で発掘された。

水落遺跡で漏剋発見とは聊《いささ》かでき過ぎた話だが、「水落」は飛鳥《あすか》川右岸ぞいの旧小字《こあざ》で、すぐ北には小字「石神《いしがみ》」を付した石神遺跡がある。

飛鳥川に架かる甘樫《あまかし》橋を東に渡ると正面が一段高くなっていて、旧飛鳥小学校の敷地と校舎がそのまま残されている。校舎は、いま明日香村教育委員会文化財課（高市郡明日香村飛鳥）が使用しており、一部が資料展示室になっている。その校庭の南側が水落遺跡で、基壇を中心に復元され、柱位置や漏剋を置いた位置がわかるようになっている。

漏剋遺構は、底面の一辺が二二メートル余の貼石《はりいし》の台形基壇であり、そのほぼ中央に漏剋装置が置かれていたらしい。建物の規模からかなり大きな装置を想像していたが、奈良国立文化

明日香の水落遺跡

財研究所の復元模型をみると、驚くほど小さい。

漏剋（水時計）にはさまざまなタイプがあるが、要するに「変化する容器内の水位を計る」装置であり、その変化とは減るか増えるかである。水槽に穴を開ければ減るから、減る量の測定の方が簡単なようだが、減れば水圧が減じ、流出速度の鈍るのが弱点である。一方、穴を開けた容器（漏壺）の下にもう一つ容器（受水槽）を置けば、増量の測定が可能になる。この場合、漏壺の方へ水を足す工夫をすれば何とかなりそうである。

漏刻（飛鳥資料館資料　穂積和夫　画）

この方法が紀元前後に始まり、二世紀はじめには、漏壺を二段にして水を補給する工夫がなされた。四世紀には三段式になり、さらに唐時代の貞観年間（六二七〜六四九）には、呂才《ろさい》が四段式水時計を考案した。理屈の上では増やせば増やすほど最終漏壺の水位が一定するが、造る労力と精度とのバランスを考えると、四段式ぐらいが適当らしい。むろん初段の漏壺へ定期的に水を補充するのは人間である。水落遺跡の漏剋は呂才式と思われ、先の復元模型では箱型四段のサイフォン式を採用、全長が二・八メートルで、ちょうど柱の間隔の長さになる。

＊「呂才の四段式水時計」は、実物が残っているわけではないが、『古今図書集成』が引く宋の楊甲の『六経図』などがあり、各地の復元はこれを参考にして組み立てられている。

第二章　火事と喧嘩

火事は江戸の恥

「火事と喧嘩は江戸の華」という俗諺《ぞくげん》がある。

明暦元年から四年にかけ大火がつづき、老中永井信濃守尚政《なおまさ》が「火事は江戸の恥」と言ったところ、負け惜しみの強い江戸っ子が、「恥」を「華」に言い換えたという。よくできた話だが、永井の老中在職年（一六二二～一六三三）と明暦の大火（一六五七年）の間にはかなりのズレがあり、老中云々《うんぬん》は当たらない。火事といえば火消《ひけし》、火消といえば喧嘩だが、大名火消や定火消《じょうびけし》（旗本火消）に対抗した町火消や、町火消同士の縄張りをめぐる争いは、しばしば大喧嘩に発展した。

町火消は八代将軍吉宗の享保五年（一七二〇）に、町火消組合から「いろは四七組」に改組されたが、「へ」「ひ」「ら」の三字は避け「百」「千」「万」が当てられた。皮肉なものでその翌年は火事が多発、大きなものだけでも正月に二件（呉服橋、麻布善福寺門前出火）、二月に五件（神田三河町、牛込御納戸町、四谷、四谷忍町、神田小川町出火）、三月に二件（三河町、牛込神楽坂出火）、一二月に一件（三河町出火）発生し、吉宗の侍講室鳩巣《むろきゅうそう》（一六五八～一七三四）は「火災の増加は江戸上水道の整備が原因、地脈が水路により遮断され、地気が分裂して風が浮《うわ》つく、火はその風の浮つきに乗じ、遠くへ飛ぶ」と指摘、要するに「地中の湿気が水路に抜け、風が乾燥する」といった理屈らしい。吉宗は一蹴するかと思いきや、青山、三田、本所の上水が廃止され、千川上水は農業用水になったというからわからない（『江戸の放火』）。

火事や喧嘩の背景には、江戸が世界一の集住都市となったことが挙げられる。火事以外でも狭い道路でのすれ違いが喧嘩の因《もと》になり、それを怖れた各藩では歩き方の作法まで教えるようになった。恋の鞘当《さやあて》ならぬ路上の鞘当は、ただでは済まなかったのである。「武士道と云《いう》は、死ぬ事と見付《みつけ》たり」で知られる『葉隠《はがくれ》』（鍋島藩士山本常朝）にも、「男子の育て様、先ず勇気をすすめ、幼稚の時より親を主君に准じ……」につづき、「作法」や「堪忍」と並んで「道歩き」が記されている（聞書き第十一、一六三二）。別な個所には「道を通り候とき、我が左の方を通るべき」とする記述もあり、かなり意識していることがわかる。

加賀藩の「御法度」では「下々つれだち、立ちならび道を狭《せば》め相通る事」、つまり「横並びの歩行」を禁じ、弘前藩「定め」では「道よき所を撰ばず人をよけ、道のあき候ところを肝要に通り申すべきこと」と定めている。また知恵伊豆で知られる松平信綱《のぶつな》は「夏は日向《ひなた》、冬は日陰、人の歩きたがらない側を歩け」と諭したそうだ（『江戸藩邸物語』）。

一方の火事は、木と紙でできた家々が軒を連ね、冬から春にかけ乾燥した季節風が吹けば、焚火が思わぬ大火を惹き起こす。元禄から宝永にかけ「地震」の回数も半端ではなく、日本中が「さあ燃やしてくれ」と開き直っているようだ。いずれにせよ大火は町づくりに影響し、時に城下の景観を大きく変える。江戸では「明暦三年（一六五七）」、名古屋では「万治三年（一六六〇）」の大火がその契機になった。ともに開府後約五〇年、その隔たりわずかに三年というのが気になる。

明暦の大火

まずは江戸の大火から見ておこう。明暦《めいれき》の大火を「振袖《ふりそで》火事」ともいう。

隅田川縁《べり》の浅草諏訪町に店を構える大増屋十右衛門の一人娘「きく」が、上野の花見で若衆を見初《みそ》めて恋煩《わずら》いしそれが高じて亡くなった。花見のとき着ていた紫縮緬《ちりめん》の振袖を棺にかけ、菩提寺の本郷丸山本妙寺《ほんみようじ》に弔《とむら》ったのが、明暦元年正月一六日のこと。つぎに本郷元町に店を構える麹屋《こうじや》吉兵衛の一六になる「はな」が、近所の古着屋で紫縮緬の振袖を買って間もなく病に臥せ、明暦二年の正月一六日に亡くなった。彼女も本妙寺に葬られた。次に中橋（京橋一丁目）の質屋伊勢屋五兵衛の娘「たつ」が質流れになった同じ振袖を買って病に臥《ふ》せ、明暦三年正月一六日に亡くなった。葬儀の日は大増屋の娘の三回忌、麹屋の娘の一周忌に重なり、三家は棺を覆う紫の振袖を前にしてはじめて奇《く》しき因縁を知った。相談の結果二日後に施餓鬼《せがき》をして振袖を焼き捨てることとし、運命の明暦三年（一六五七）正月一八日を迎える。当日の午後二時頃、本妙寺和尚が修業僧三〇人と法華経を誦《じゅ》し振袖を火に投げ入れると、火のついた振袖が忽《たちま》ち風に舞い上がり、本堂の柿葺《こけらぶ》き屋根に取りついて燃え移り江戸市中を焼き払う大火となった。この振袖にまつわる因縁話が実《まこと》しやかに語られ、「振袖火事」と呼ばれたのはずっと後のこと、当初は「由比正雪の残党による付け火説」が流れたという。

※岡本綺堂『風俗江戸物語』を参考。矢田挿雲『江戸から東京』は人名など異なる。

史料の方から追ってみよう。明暦三年の正月は大晦日から一滴の雨も降らず乾ききっていた。迎えた一八日の一〇時過ぎ、朝から強い北西風が吹きつけるなか、本郷丸山《ほんごうまるやま》の日蓮宗本妙寺《ほんみょうじ》に発した火は瞬《またた》く間に湯島から神田明神へ、さらに堀を越え御茶ノ水から駿河台の武家屋敷へと燃え広がり、翌日にかけて江戸市中のおよそ三分の二を焼き払った。幕府の公式記録『徳川実紀』は、明暦三年正月の記事を次のように記している。

〇正月十八日暁《あかつき》より乾《いぬい》の風（北西風）甚《はなは》だしく、塵土《じんど》を吹き上げて咫尺《しせき》も見え分《わ》かず、夜明けても、なお夜のごとし。しかるに昼の後、本郷丸山本妙寺《ほんみょうじ》より火起こる。去年より旱《ひでり》うちつづき、ことに冬より春にいたりまた一雨もなかりしかば……一瞬の間に大火となり、駿河台《するがだい》・鷹匠町《たかじょうちょう》辺大名旗本の家を焼き払い、鎌倉河岸《かまくらかし》まで焼け出《い》だしに、酉《とり》（夕方6時）より西風強くなり、一石橋《いっこくばし》・鞘町《さやちょう》辺へ飛び火し、伝馬町《てんまちょう》におよぶ。

本郷本妙寺に発した火（第一出火）は、まず南の駿河台に及んだ。本郷といえば東京大学、その赤門前から本郷通りを渡って直ぐに本妙寺があった。本郷通りを南へ行くと駿河台で、古く神田山と呼ばれていたが、遠く駿河国が望めることで駿河台と呼ばれるようになった。いま駿河台の名は「神田駿河台一〜三丁目」に残るが、ＪＲ「御茶ノ水駅」から地下鉄千代田線の「新御茶ノ水駅」にかけての辺りになる。

加賀前田家上屋敷（現東京大学）前にあった本妙寺

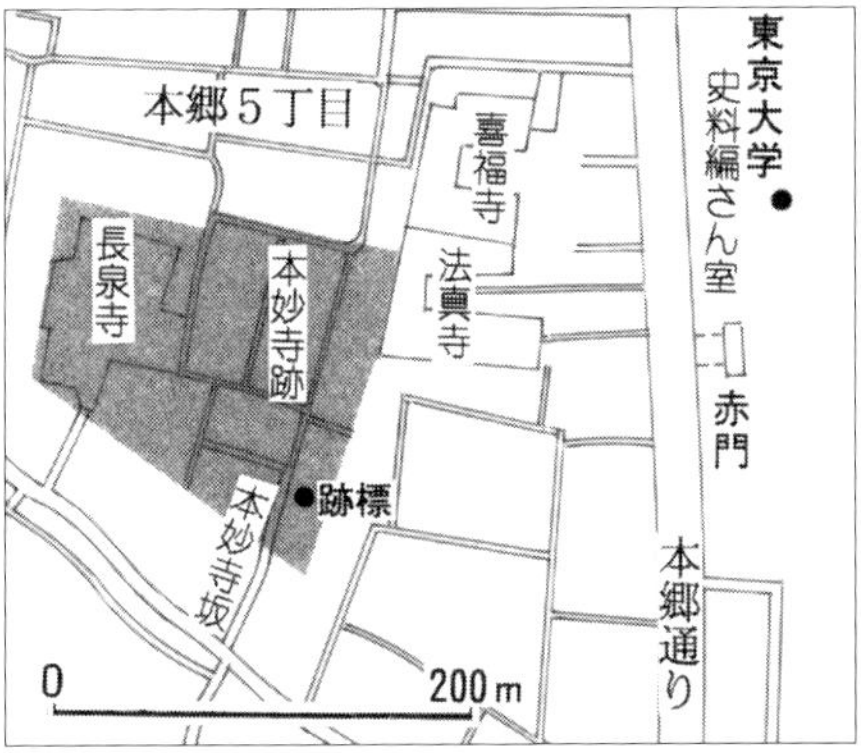

明暦の大火による罹災範囲（『一目でわかる江戸時代』）

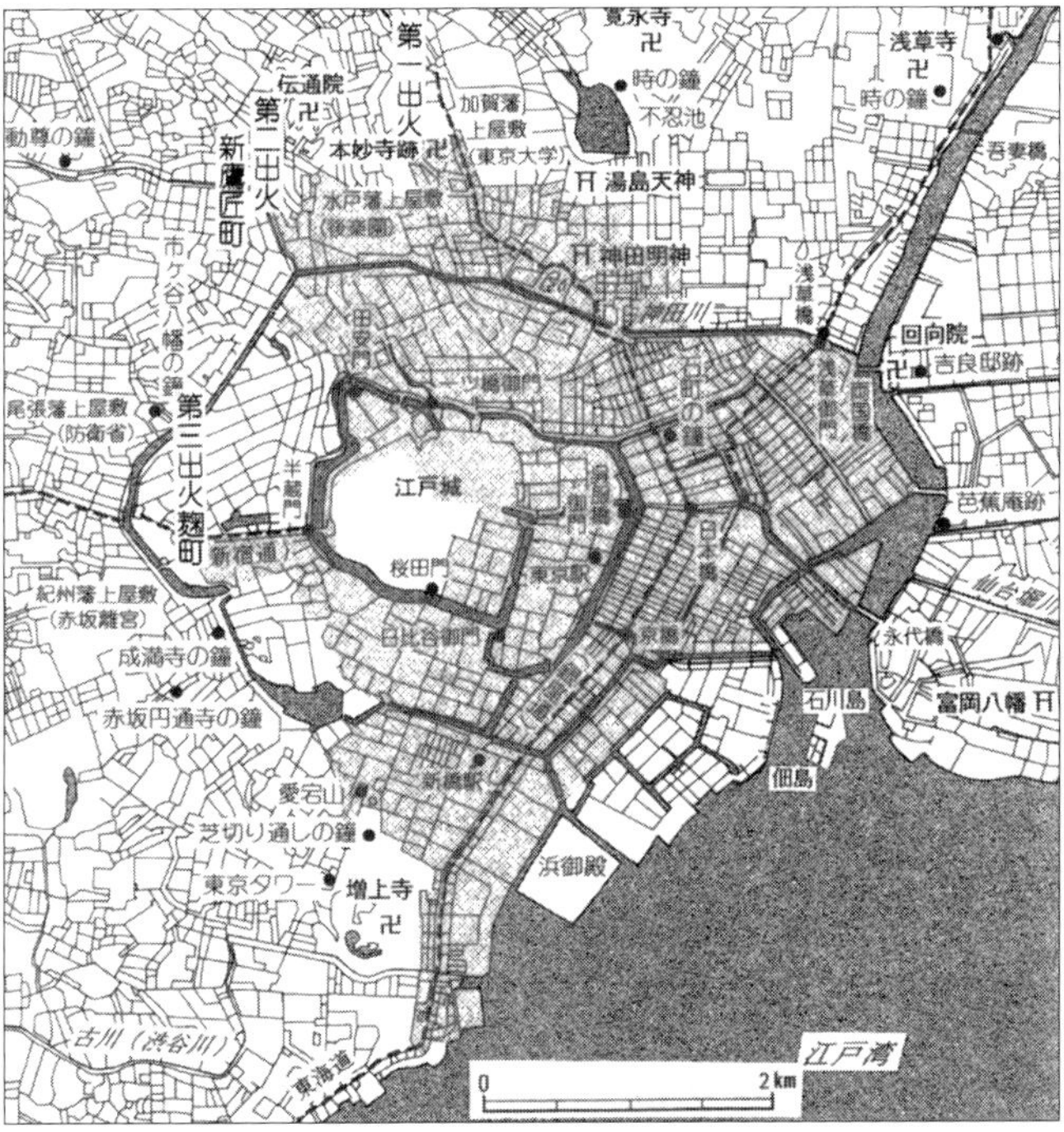

浅草御門の悲劇（『むさしあぶみ』）

神田川の北には湯島聖堂と神田明神が在り、本郷通はその西側を通って聖《ひじり》橋で神田川を渡り、神田橋で日本橋川を渡る。一方聖堂の東側を通る道は昌平橋で神田川を渡ったあと、本郷通と併走しながら日本橋川を鎌倉橋で渡る。日本橋川に架かる神田・鎌倉の両橋から次の竜閑橋《りゅうかんばし》にかけ、橋の手前の内神田一～二丁目が、むかしの「鎌倉河岸《かまくらかし》」にあたる。切絵図で見ると河岸は幅広い空地になっているが、江戸城築城のとき相模《さがみ》（鎌倉）から運ばれて来た石材がここに陸揚げされて鎌倉河岸の名が付いた。さらに南西へ五〇〇メートル進むと一石橋、その北詰が北鞘町で、南鞘町は南へ一キロ下った京橋駅（東京メトロ銀座線）辺りになる。

史料の最後に「（火が）伝馬町に及ぶ」とある。日本橋川に架かる日本橋の北側が大伝馬《おおでんま》と小伝馬《こでんま》町、その北に小伝馬上町《かみちょう》があり、続く西隣りに典獄石出《いしで》帯刀《たてわき》の役宅（牢屋敷）があった。本来は町名のない屋敷地だが、周りがすべて伝馬町のため「伝馬町《てんまちょう》の牢」と呼ばれていた。

※伝馬町は本来「てんまちょう」と清音に読むが、上に文字が

付く場合は濁音読み。

駿河台方面から火が迫るなか、奉行の石出帯刀は獄舎から囚人たちを引き出し、「お前たちは未だ判決を受けていない。このまま焼死させるのは忍びないから解き放つ。火が収まったら必ず戻って来い。これ幸いと逃亡した者は罪を重くする」と宣し、解放した。囚人たちは奉行の言葉に感じ入り、生き延びた者たちは出頭してきた。帯刀は彼らの罪を一等減じて報いたが、二人ほど帰らぬものがあり、後に捕えられて死罪となった。（『徳川実紀』）

この措置で悲劇が起きた。牢から東をめざすと間もなく「浅草御門」にさし掛かる。門には二名の番士と五名の足軽が配されていたが、彼らは囚人たちの集団脱走と勘違いし、門を閉じ始めた。このため後続の避難民たちは、火に巻かれるか、塀を乗り越え凍《い》てつく神田川へ飛び込み水死した。全死者の実に五分の一にあたる二万人が、ここ浅草門で亡くなったという。美談から生まれた悲劇だ。

名古屋の大火

江戸「明暦の大火」の名古屋版が、その三年後の万治《まんじ》三年（一六六〇）に起きた「万治の大火」である。『尾藩世記㈢』の万治三年正月十四日条に「名古屋大火。片端《かたは》桑名町伏見町の間、馬廻小頭《こがしら》吉原助太夫宅より出火」とあり、次のように続けている。

〇一時鎮火。飛火、本町三丁目、上使宿《じょうしやど》花井七左衛門宅、及び伝馬町、及び本町にて二ヶ所。七間町本町三階家、及び天神桜等に発火。翌十五日卯の刻に至る。西は長者町、及び長島町、北は枕町、東は武平町、下は久屋伝馬町堀切等に至り、東南小林に至れり。

○町数百八十、戸数二千二百十八戸、内士族百二十戸。
○類焼手当等下付せらる。類焼町人へ銀千貫、榑木《くれき》五万挺、松材五万本を救助せらる。
○此の焼失により広小路を造る。また広小路の地住居の士族を小林に移す。之を新町と云う。

夕方に吉原家から出火した火はいったん鎮火したが、今度は本町三丁目の上使宿花井七左衛門宅、伝馬町・本町の二カ所のほか七間町本町の三階屋、桜天神でも発火し、翌日の早朝までおよそ一六時間燃え続け、二二〇〇〇戸を焼いた。焼失の範囲は東西が長者町から武平町まで、南北は枕町から堀切（のちの広小路）を越え、一部小林まで達した。枕町とは聞かない町名だが、同じ記事を載せる『金府紀較抄《きんぷきこうしょう》』（慶長五～寛保三年の名古屋の記録、著者不詳）は、「北は枕町筋両町」の後ろに校訂者が「諸町筋両替町の誤写か」と注記している。

諸町《もろまち》は、京町筋の伊勢町通と大津通の間（田辺製薬の北側）、両替町は同じく本町通と七間町通との間（中日病院の北側）を指す。町名の起源に触れておくと、諸町は当初片側だけの町だったのが、やがて両側に町屋が並んだので諸町に変えたという。両替町はもと京都の後藤庄三郎の控え屋敷だったが、清洲から越してきた両替商が後藤に頼み込んで此処に店を開き、町名も両替町としたとある。要するに北は京町筋まで焼けたということである（『金鱗九十九之塵』巻二七）。

この火災のあと、延焼を防ぐため広小路通が造られたのは有名な話だが、類焼の町人に対しては、銀千貫と榑木《くれき》五万挺、松材五万本が下賜された。

『正事記《まさことのき》』も類似した記事だが、原因が左義長の焚火だったと記す。

○万治三年正月十四日、申の上刻、当地伏見町の角片端、吉原助太夫屋敷に火事出来《しゅったい》す。これは左義長《さぎちょう》を焚かせける其の火散りて、本屋、書院、長屋に至るまで、屋敷中家一軒も残さず焼失す。当春は雨降ることなく、毎日昼ごろより夜明け時分まで西北風強く吹き、寒きこと冬より勝れ

名古屋御城下碁盤割の町（左上に吉原家）

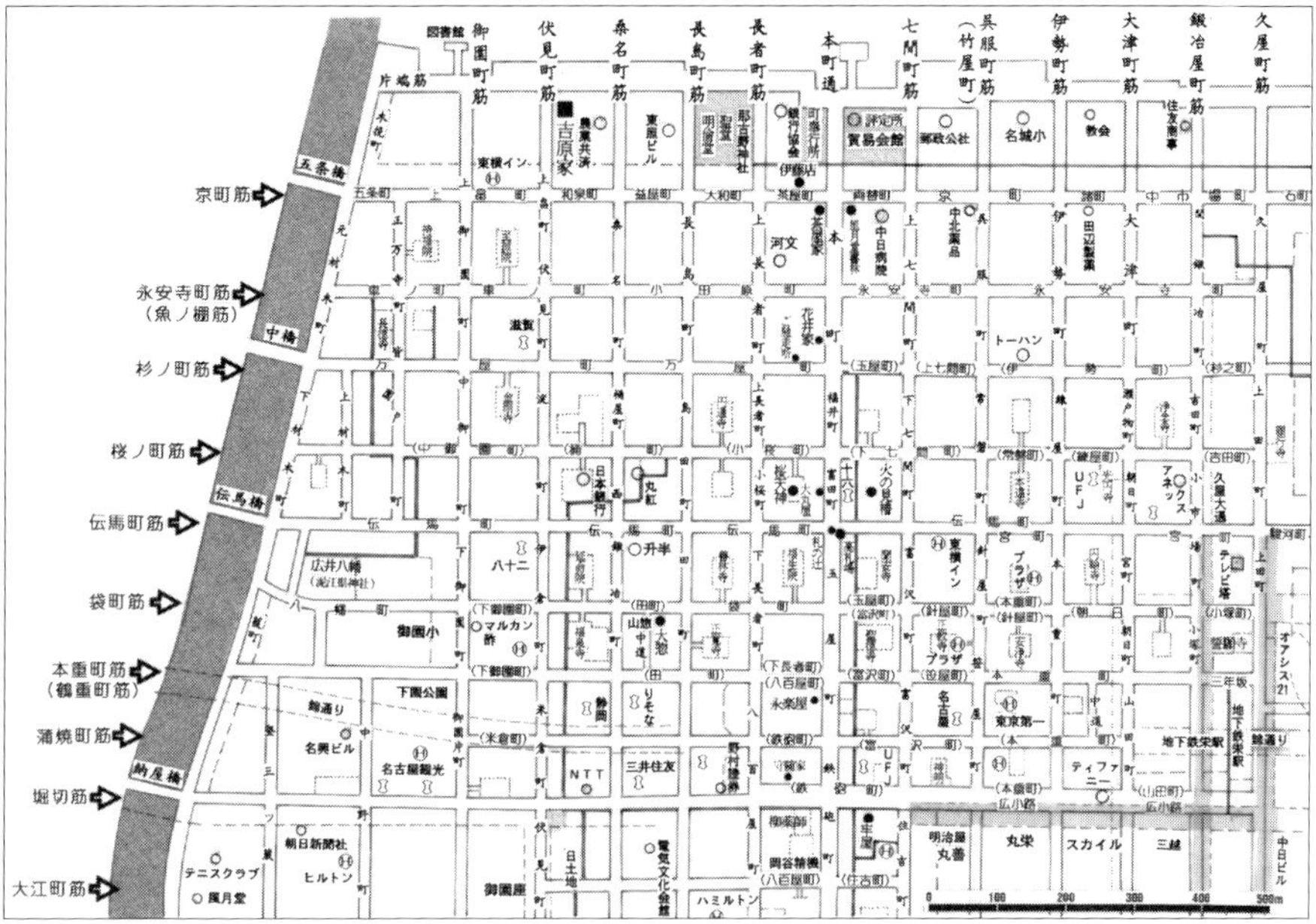

り。今日は殊更春風烈しくて、火の尾東南に飛び散りけり。同時に本町二丁目杉の町通の角、上使宿花井が家より火出《い》でたりとて騒ぐ所にまた伝馬町も焼けるとて、町中上を下へと返し、家財雑具を持ち運び、男女十方に逃げ惑い、周章なのめならず。

左義長は小正月（一五日前後）に松飾りや注連《しめ》や書初めを一カ所に集めて焼く行事で、ドンド焼き、サエノカミ（塞の神）などとも言う。焚火の芯部に三本の木や竹を三脚状に組んだことから、「三毬杖《さんぎっちょう》」が語源とする説が有力。毬杖は毬を打つ杖（槌）に色糸を付けて飾った玩具。これを使って木製の毬を打つ正月の遊びがあった。

『名古屋の火災記録集成』（名古屋市・昭和四八年）も、ほぼ同じ文章を載せている。

○正月十四日申の上刻（午後四時）頃、片端・伏見町の角（丸の内二丁目）にある吉原助太夫の屋敷から出火した。これは左義長《さぎちょう》を焼く火が家屋に燃え移ったものと伝えられる。この家の火災は、直《じき》に鎮火したが、ほとんどこれと同時刻に、本町二丁目の杉ノ町角にある花井七左衛門の宅から出火した。折柄の烈風に煽られて、東南の方向へ燃え広がり、翌十五日卯の刻（午前六時）頃に至り漸く鎮火した。

火元の吉原家は、上を都心環状線が走る片端通《かたはどおり》と伏見通との交差点（新御園橋交差点）角にあった。吉原氏はもと伊勢の家城《いえき》の出で、松平忠吉《ただよし》に仕えるまで家城姓を名乗っていた。数馬（通称助太夫）が七〇〇石で召し抱えられたとき吉原姓に改め、義直時代に御馬廻《おうままわり》小頭《こがしら》の役職を得た。その子助太夫仲頼《なかより》は父の遺領を継ぎ、万治二年御馬廻小頭となったが、その翌年正月に火を出し、思いがけぬ大火を招いてしまった。しかしそのまま職に留まっており、継嗣の仲虎は鉄砲頭から本丸足軽頭、深井丸《おふけまる》足軽頭を歴任しているし、その弟仲治にいたっては、一〇〇〇石の大番頭《おおばんがしら》にまで出世している（『士林泝洄』）。とくにお咎めを受けた様子がなく不思議だったが、『火災記録集成』には「火元の吉原助太夫は閉門を申付けられた」とある。出典の記載がなく、まだ確かめていない。

【コラム】忘れられた遊び―「毬杖《ぎっちょう》」と左義長―

左義長やドンド焼きの言葉はよく耳にするし、今でも小正月（一五日）に火を焚いているのを見かける。門松、しめ飾りや書初めを近所の神社へ持ち寄って燃やし、その火で餅を焼いて食べると病気に罹らず、字が上手《うま》くなるとされる。その焚火の中心に「毬杖」に見立てた竹や木を三脚状に立てたところから「三毬杖《さんぎじょう》」の名が生じたという（『大言海』）。宮中行事にも青竹を立てて扇などを結びつけ、吉書を添えて焼いた（『日本語源大辞典』）とあるから、正月行事としてのルーツは平安の昔まで遡るらしい。そこで問題になるのが「毬杖《ぎっちょう》」という聞き慣れない道具とそれを使った遊びである。

『国語大辞典』に遊技の様子が紹介されている。絵からはホッケーに似たような遊技が連想されるが、これまで見たことはない。そのスティックとして用いる三本の毬杖を組み立てて「三毬杖」、ここまでは良いとして何故「左義長」と表記するのか、当て字としても不自然過ぎる。

『日本語源大辞典』によると「左義長」と書くのは近世になってからで、仏教と道教との優劣を試みるため、仏教の書を左に道教の書を右において焼いたところ、仏教の書が焼け残ったから《左の義、長ぜり》で、これが当て字に用いる根拠だとか。この話『徒然草寿命院抄』（寿命院立安《秦宗巴《そうは》》著の『徒然草』最初の注釈書　江戸初期刊）が『訳経図記』に載る故事として引いているそうだが、『徒然草』の注釈書はともかく、『訳経図記』は聞かない書である。なんでも中国唐代に編纂された「経典目録」らしい。おそらく宗巴が『徒然草』を仏教・道教の二つの立場から註釈したとき、典拠として用いた仏教書のひとつなのだろう。

毬杖を用いた遊技（喜田川守貞『守貞謾稿』）

本町の商人「花井家」

吉原家の第一出火地点のほか、もう一つの火元になったとされるのが、本町二丁目杉の町通の「花井七左衛門宅」だ。飛火か失火かは不明。花井家について『寛延旧家集』は次のように記す（口語訳文）。

※『寛延旧家集』は寛延三年（一七五〇）、城下の旧家に提出させた由緒書。『名古屋叢書』第二二巻。

○先祖の花井衛門（法名善友）は尾張の春日井郡伊勢木村（現、北名古屋市師勝町井瀬木、井関村とも記す）の郷士で、善友の親は鳴海に住み、鳴海城主安原《やすはら》備中守の時代、城の北東に屋敷を構えていた。その屋敷内に名水の井戸があり、そこに桔梗《ききょう》の花が咲いたので城主から「花井」の姓を賜り以後「井筒に桔梗」を家紋とした。屋敷辺はいま町屋が建て混んで、花井町と呼ばれている。

○善友の弟花井勘九郎は三河に住み、家康公のとき信州飯田城主菅沼大膳の養子となり、小大膳と称し跡を継いだ。のち鳴海の花井に隠居したとき関ヶ原の役が起き、家臣が従軍を勧めたが小大膳は「老体でも誰にも負けぬ。しかし今度は勝ち戦が見えており、欲深と思われるのが嫌で参加しない」と答えた。これを家康が知り、主従とも褒め称え、あえて従軍させた。

○善友の子花井伝右衛門（法名鈎二）は岐阜に住み、信長の時代町人頭を仰せつけられ、尾張の赤見村に一〇〇石を賜わり、清洲の山王社に鐘楼堂を寄進、秀吉公から銀子五枚を頂いた。

○鈎二の長男花井伝右衛門は、信長公の小姓に召出され、姉川の合戦で討死した。

○鈎二の次男花井善治（法名松心）は美濃で町人頭を仰せつけられ、父の給地を相続した。秀信公が鷹狩のとき、善治屋敷の庭で茶を召上りながら名木の松を御覧になり、善治に法体を申付けられて「松心」の法名を頂いた。秀吉の代に京都に召出され、聚楽第のお茶屋を預けられ、お茶道頭に任じられた。のち大垣が落城したときは清洲に住み、諸役を免ぜられた。松心の妻は羽黒城主梶原左近の娘である。

○鈎二の三男花井七左衛門（法名鈎意）は、清洲越しの商家でご城下の本町に代々住んでいる。
○松心の子花井勘左衛門（法名一徳）は、町人頭を仰せつけられ諸役は免除、蹴鞠が趣味で、義直公は「蹴鞠は九損一徳あり」と仰せられ「一徳」の法名をいただいた。（以下略）

【花井家略系譜】

花井右衛門（安原伊勢守家臣）
- 衛門（善友）伝右衛門（鈎二）
  - 伝右衛門（信長小姓、姉川合戦討死）
  - 善治（松心・秀吉の茶道頭）—勘左衛門（一徳・町人頭）
  - 七左衛門（鈎意・清洲越し、本町在住）
- 花井勘九郎（菅沼小大膳）

書き上げを提出したのは、勘左衛門（一徳）の子孫で、本町で唐木屋を営む花井勘右衛門である。唐木《からき》（「とうぼく」とも）屋とは舶来物を扱う店で、惣町代を務めていたらしい。『尾張名陽』（巻之一）には「御唐木屋は唐物を商う家で、元祖は伊東惣十郎（法名「安中」）、代々尾張美濃両国の商人の頭を務め、信長公より御朱印を賜わった」とあり、惣（宗）十郎に宛てた朱印状「尾張美濃両国と唐人方、并《ならびに》呉服方、商売司《つかさ》之《の》儀《ぎ》改申付候云々……」（元亀三年）が付記されている。同じ記事は『金鱗九十九之塵《こんりんつくものちり》』（巻第十八「本町」）にも載るが、一徳の通称が「勘左衛門」でなく「勘右衛門」になっており、その子「花井市右衛門」とある。一徳の妻は「伊藤宗十郎（安中）」の孫娘で、結婚により伊藤家所有の「信長公の朱印状」のほか「織田信雄、羽柴秀次、松平忠吉公の黒印状」が花井家に齎《もたら》された。この頃妻の実家の唐木屋が傾き、嫁ぎ先の花井家がこれに代わったらしい。

花井家は高祖花井（右）衛門善友の跡を二代伝右衛門鈎二《ちょうじ》が継ぎ、三代七左衛門鈎意《ちょうい》は清洲城下から名古屋城下碁盤割に引っ越して、清洲と同じ「本町」に住んだ。義直に数度お目見えし、寛永年間に屋敷内に上使饗応の「御馳走場」が設けられたという。

「名古屋旧記」に「御町屋（杉ノ町筋本町西より入北側に在）御上使饗応所の屋敷なり。俗に御馳走場と云う」とある。寛永年中（一六二四〜四三）、釣意の屋敷地が御上使御馳走場に召上げられたが、彼は細工好きであったので、自ら書院のお座敷を造作して差上げ、代りに十人扶持を頂いた。また慶安元年（一六四八）、御馳走場のお勝手が狭いので隣家の宮路清盛の屋敷地を削り、替地として春日井郡の新田畑三反が下された、とある。

万治三年（一六六〇）の大火はそれから一二年後のこと、上使宿の花井家が第一の火元になった。しかし複数の個所から出火、あるいは飛火したとする記録もあり、花井家の責任と決めつけるわけにはいかない。なお唐木屋花井はその後長く続いたらしく、安永年間（一七七二〜八一）の花井家にまつわる次のようなエピソードが記録されている（「蓬左見聞雑書」）。

安永五年の一月中頃、花井唐木屋勘右衛門の処に乞食坊主が来て喜捨を乞うた。店の者が六文ほど恵んでやると「我《わが》もので　なうても嬉し　稲の花」の一句を吟じ、去ろうとした。傍に居合わせた人が鼻紙を取り出し、今の句をここに書いてくれと頼むと、そんな粗末な紙には書けぬという。さもありなんと店の者が唐紙を出すと見事な筆跡で此の句を認《したた》めた。それから坊主は南へ向い、大須観音に近い清寿院境内の茶店に腰を下ろし、頭陀《ずだ》袋から徐《おもむろ》に茶碗と抹茶と菓子皿を取り出した。後で聞くと、横井也有を慕って尋ね来た俳諧行脚《あんぎゃ》の僧で、「自分房」と名乗ったという。

清寿院は尾張・美濃の修験場の本山のような所で、慶長一三（一六〇八）年に藩主義直から領内の修験頭に任じられ、のち大須に浅間社地と住居地を賜い藩命で清寿院を称した。要するに富士浅間社の別当（総代）である。境内は大須真福寺に接し六千五百坪と広大で、植木市や芝居地としても賑わった。明治五年に修験宗が廃され廃寺となったが、いま大須三丁目の那古野山公園の南に小さ

大須観音に隣接する清寿院（破線は現在の区画）

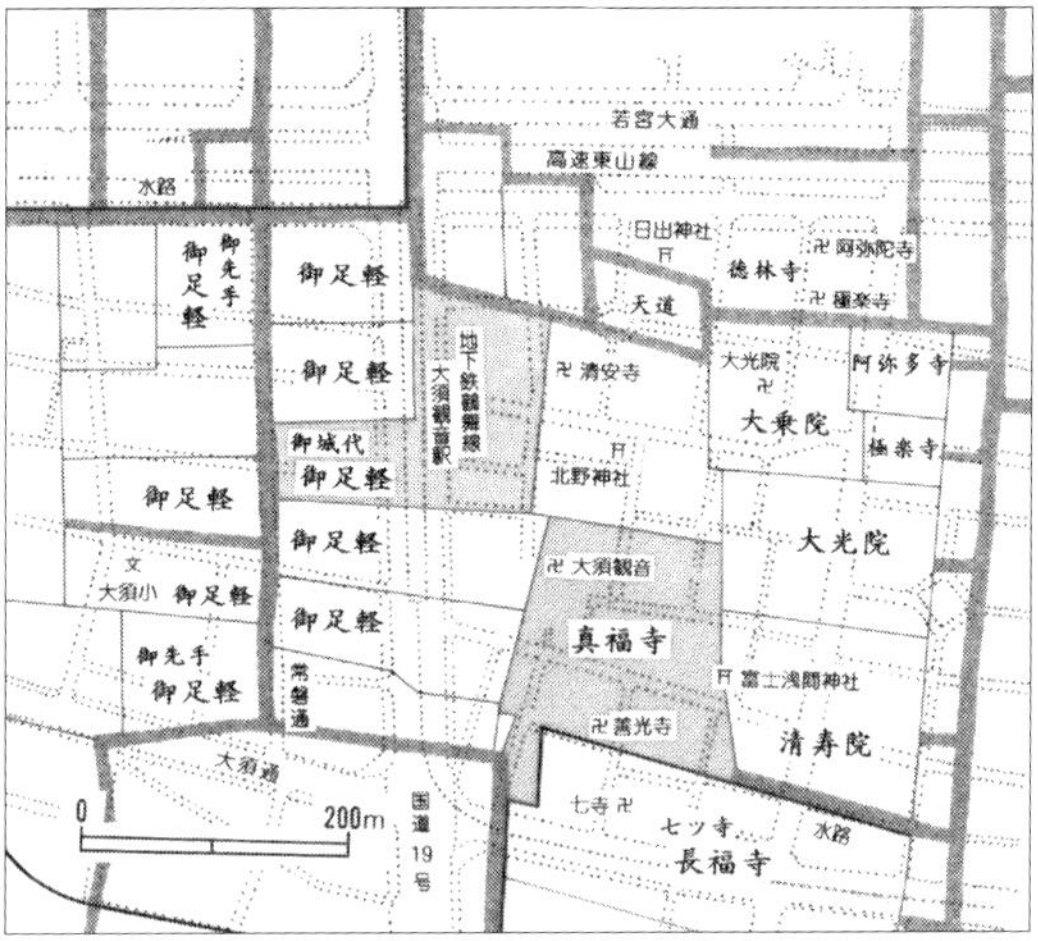

く富士浅間神社が残る。

万治三年（一六六〇）の火事はご城下を焼き尽くすほどの大火となったが、その後も大火は繰り返される。なかには元禄一三年の大火のように、万治大火を上回る火災もあった。万治の大火の翌年「火事御定め十一カ条」がつくられ、町火消六組に一一五五人が従事した。龍吐水《りゅうどすい》と称する水鉄砲があったが、町火消一組に一台の所有では、「火を水で消す」ことは不可能だった。出火原因は不明のものが多いが、火元は綿屋や紙くず屋が多く、江戸と比較して「放火」はすくないようだ。また大火の割に焼死者の少ないことが、救いかも知れない。

元禄の喧嘩

元禄時代（一六八八〜一七〇四）は江戸開府（一六〇三）からおよそ一〇〇年後、尚武《しょうぶ》の風《ふう》も漸く薄れ、一方で寛永期から進められて来た幕藩体制を支える法整備が、完成期を迎える。

象徴的なのが大名の参勤交代制で、男性七割という歪《いびつ》な構成ながら江戸の人口は一〇〇万に達した。一方上方では、大坂が四〇万人を超えて京都を上回り、いわゆる「天下の台所」と称されるにいたる。この頃名古屋もまた仙台や長崎などと並んで一〇万都市となり、いよいよ「都市時代」の幕開けとなった。しかし人口の一ヵ所集住は、消費社会特有のいろいろな問題を引き起こす。喧嘩もそのひとつで、武士は全員が刀を持っている。口げんかや些細な感情の行き違いが、ときに刃傷沙汰を引き起こした。喧嘩の大規模なものが討入りで、元禄時代には有名な討入りが、長崎と江戸で起きた。

長崎の討入り事件

赤穂浪士が本所の吉良邸に討入ったのは、元禄一五年（一七〇二）一二月一四日だが、これより二年前の元禄一三年一二月二〇日早暁《そうぎょう》、長崎で佐賀藩士とその一門の者一二名が、長崎貿易を預かる町の有力者高木彦右衛門《ひこえもん》の屋敷に討入り、当主を含め七人を斬殺する事件があった。赤穂浪士討入り事件と時期が接近しているだけに、気にかかる事件である。『鸚鵡籠中記』では翌年正月にこの話をとりあげており、事件のあらましがわかる。

○正月彦右衛門が子《こ》他出す。途にて嶋田某という者に出逢い、行き当たるとは見えねども、子、ころぶ。彦右衛門が若党、怒りてこれを叱る。嶋田甚《はなは》だ侘《わ》ぶ。その上側の檜物屋《ひものや》、見かねてこれを侘ぶといえども、成らずして互いに皈《かえ》る。翌日彦右衛門が若党ら深津三左衛門が処へ押し込む（これ鍋嶋駿河守屋敷奉行嶋田が伯父なり）。三左衛門また侘《わ》ぶといえども成らず。故に甥嶋田を出し、したいまゝにさせけるに、若党ら立ちかゝり、あたまをはり、あるいはふみ蹴りいろいろになぶり立ち帰る。翌日三左衛門、彦右衛門処へ行き、堪忍ならざる由をいう。彦右衛門甚だこれを侘び、二日かかる。三左衛門いう、しからば好《このみ》の通り手形をすべしとて、同文に三通書かせ判を取り、一通は長崎奉行、一通は駿河守在江戸故これへ遣わし、一通は駿河守家老へやり、その後彦右衛門処へ三左衛門・嶋田押し込む。内意やありけん、駿河守家来、彦右衛門が裏門を堅《かた》め、一人もださずして彦右衛門を切り殺し、手むかう輩七人切り殺し、また彦右衛門を玄関へ引き出し切り刻み、三左衛門はすなわち自滅。嶋田は門を出る橋上にて「駿河守家来切腹する躰《てい》を身よ」と呼ばわり切腹す。その後彦右衛門が逃げし手代《てだい》、皆篭《ろう》へ入る。子どもら手がね（手錠）ささるという。（元禄一四・一・廿一）

朝日文左衛門は、はるか遠い長崎での事件を実に詳細に記している。少しややこしいが、要は長崎の有力者の奉公人（若党）と佐賀藩士との喧嘩である。往来を擦れ違う際の諍《いさか》いであり、穏やかに収めれば何でもないことが、双方が意地を張ると実に凄惨な事態に至る、という話の典型である。要約するとこうだ。

○高木彦右衛門という長崎の町の有力者は羽振りがよいらしく、奉公人たちも皆威張っている。ある日若旦那が、道で佐賀藩士の嶋田某と擦れ違ったおり転んだ。お供の若党は怒り、嶋田は詫びるがなかなか許してもらえない。現場近くの檜物屋《ひものや》（檜材の曲物を売る店）の主人も一緒に詫びてくれたが、一向に埒《らち》があかず双方分れた。翌日若党らは、嶋田の伯父深津三左衛門（鍋島藩の屋敷の責任者）の許《もと》に押しかけ、伯父は本人に代って詫びたが承引しない。致し方なく当事者の嶋田を出すと、若党らは気が済むまで痛めつけた。

○翌日、今度は三左衛門が彦右衛門宅を訪れ、このままでは済まされない旨強硬に談じ込み、謝罪する彦右衛門との折衝は二日に及んだ。最後に、今回の経緯と彦右衛門側に非があるとする三通の署名文書を作らせ、鍋島藩家老、在江戸の藩主、長崎奉行宛てに届けさせた。これで一件落着かと思いきや、直後に深津三左衛門・嶋田某は一党とともに彦右衛門屋敷に押し入って彦右衛門をはじめ七人を斬殺、その後三左衛門は屋敷内で切腹、嶋田も門を出た処の橋の上で割腹して果てた。事件後、彦右衛門の手代はみな入牢し、子供らも手鎖《てぐさり》の処分を受けた。

以上が『鸚鵡籠中記』の記録する事件のあらましだが、同じ事件を『元禄世間咄風聞集《げんろくせけんばなしふうぶんしゅう》』が記録している。書名からは「世間咄」の寄せ集めといった印象を受けるが、同時代史の史料として、なかなか評価が高い書である。

ほかにもこの事件を取り扱った史料がある。山本博文氏が紹介されている地元史料の『焼残《やけのこり》反古《ほご》』と『長崎喧嘩録《けんかろく》』である。氏はこれらを用い、当時流行った「かぶき者」という視点から事件の性格を論じられている（新潮文庫『江戸時代を探検する』）。説得力のある面白い読み物だが、ここでは事実関係を推定する材料として扱わせていただく。

最初に大音寺坂の道で行き合う場面を『焼残反古』では、六九歳の深堀三右衛門と五九歳の志波原武右衛門（ともに佐賀藩深堀領主「鍋島官左衛門」の家来）とし、三右衛門の杖が雪解け道の泥をはね、高木彦右衛門の仲間《ちゅうげん》惣内にかかったことが発端としている。このあたりは文左衛門の『日記』より『風聞集』に似ている。

つづいて「怒った惣内が傍若無人な悪口を浴びせたため、二人に蹴飛ばされ打擲《ちょうちゃく》された」とある。惣内は「皆を引き連れて戻ってくるまで、そこを動くな」と捨て台詞して去り、しかし戻る気配がないから二人は屋敷に帰った。その夜、惣内たち一〇人ばかりが屋敷を襲い、二人は刀を抜いて迎え撃ったが、多勢に無勢で大小をもぎ取られ、棒で散々に打ちのめされた。無念の二人は領地の深堀に使いを遣《や》り、刀の替えを求めたが、事件を知った一門の者たち一二名が助勢に駆けつけ、彦右衛門の門前で夜明けを待った。夜明けの開門と同時にどっとなだれ込み、待ち構えていた彦右衛門の側近一〇名ばかりと斬り合いになった、とある。

一方『長崎喧嘩録』の記述では、夜になって彦右衛門屋敷に押しかけたのは深堀三右衛門と志波原武右衛門の二人だけで、門前で「喧嘩相手を出せ」と大声で叫ぶ。これを近所に住む福田伝左衛門が聞き、二人を宥《なだ》めながら我が家に引き入れ、酒など出して落ち着かせる。さらに福田は近くの佐賀藩蔵屋敷へ赴き、聞番（常駐の藩折衝役）の伊香賀利右衛門に事情を告げて話合いによる解決の了解を得た。しかし夜明け頃になって事態は一変する。三右衛門と武右衛門が彦右衛門屋敷に向かい、ちょうど深堀から駆け付けた二人の親類を含む一〇人とともに邸内に討ち入った。これが『長崎喧嘩録』の記述で、全体に『風聞集』に近い。

以上四つの史料、内容が少しずつ異なっていて、どれが本当の話かよくわからない。しかし仮に、話の改変に一つの方向性があるとするなら、それは「彦右衛門側を徹底した悪者に仕立てあげる」ということだろう。もしそうなら、彦右衛門がより悪く描かれた話ほど、事実から遠い「拵《こしら》えもの」ということになる。

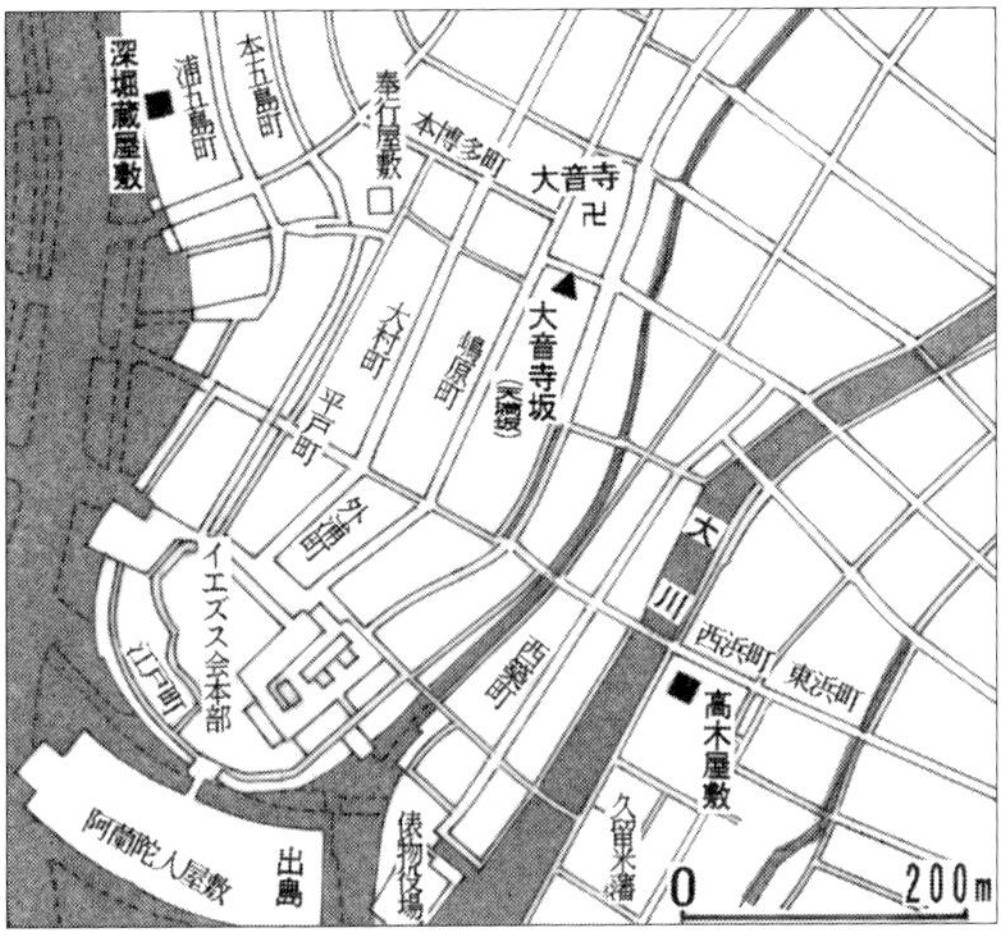

長崎の喧嘩関係図

事件の発端を最初に手を出したのが深堀《ふかぼり》側とする唯一の史料が『焼残反故《やけのこりほご》』である。三右衛門が泥を撥《は》ねたことを謝るが、聞き入れずに悪口雑言を吐くので「二人は惣内《そうない》を蹴飛《けと》ばし打擲《ちょうちゃく》した」とある。謝罪を聞き入れないのも悪いが、はじめに手を出したのは武士側である。惣内は仲間《ちゅうげん》とある。『日記』では若党《わかとう》だが、『世間咄』ではやはり仲間である。仲間は折助《おりすけ》とも呼ばれ、足軽より下に扱われることが多い。呼称も〈足軽〉と〈小者〉との中間《ちゅうかん》であることから生じたとされる。外出時に主人のお供をする〈若党〉は、強いて言うなら仲間より上で一応足軽クラスの末端に連なるが、いずれにせよ私的に雇用され苗字帯刀も許されず、身分上は百姓・町人と同じ扱いである。

各史料の間にはそれぞれ類似点と相違点があるが、丹念に読み比べてみると、地元史料の『焼残《やけのこり》反古《ほご》』と『長崎喧嘩録《けんかろく》』には共通点が多く、事件のナマに近い姿を伝えているようだ。

つまり「鍋島藩の二人の年輩の武士が長崎の有力者高木家の中間と道ですれ違った際に言い争いとなり、中間の無礼な言葉に武士は怒って打ち据えた。その夜高木家の者一〇ばかりが藩の屋敷を襲い、応戦した二人の刀を奪って暴行を働いた。この事件を領地の者が知る処となり、夜の内に深堀から一〇名の助っ人が駆けつけ、明け方に高木家を襲って当主以下を斬殺した」というのが事件のあらましだろう。細部に様々な脚色が施され、何通りもの物語が出来上がる。歴史上の事件で「本当の姿」を探るのは、むつかしい。

赤穂浪士の討入り

長崎の討入り事件から丸二年後の元禄一五年一二月一四日、江戸で赤穂《あこう》藩の浪士たちが本所吉良《きら》邸に討入る事件が起きた。後世かれらを義士とし忠臣と呼ぶようになるが、当時の記録は「喧嘩」である。「喧嘩」の扱いに異論があるかも知れないが、当時は長崎の喧嘩と同じに見て、「御城大廊下に於《おい》て、吉良上野介様上野介《こうずけのすけ》様・浅野内匠頭《たくみのかみ》様御喧嘩の事」（『元禄世間咄風聞集』）といった表現が見られるし、『鸚鵡籠中記』も「江戸において喧嘩あり」とし、次のように記す。

〇十四日……江戸において喧嘩あり。毎年春勅使・院使江戸へこれあり。高家衆《こうけしゅう》吉良上野介とそのほか大名両人ずつご馳走に懸《か》かる事なり。この度《たび》も上野介と浅野内匠《たくみ》と、ほかに何の某《たれがし》という者懸かる。某は賂《まいない》を吉良へ遣わして首尾を頼む。内匠にも音信《いんしん》遣わすべき由《よし》家老すすむといえども、賂を以て諛《へつら》う事なしとて少しも遣わさず。吉良は欲深き者ゆえ、前々皆音信にて頼むに、今度内匠が仕方不快とて、何事に付けても言い合わせ知らせなく、事々において内匠齟齬すること多し。内匠これを含む。今日殿中において御老中前にて吉良言うよう、今度内匠万事不自由ふもと《ママ》おり言うべからず、公家衆も不快と思《おぼ》さるという。内匠いよいよこれを含み座を立ち、その次の廊下にて内匠刀を抜きて詞《ことば》を懸けて、吉良が烏帽子《えぼし》をかけて頭を切る。吉良駭《おどろ》きて急ぎくぐりのようなる所をくぐるを、後より腰を切るといえども、ともに薄手にて恙《つつが》なし。なお追いかけんとせし処を、御腰物番梶川与三兵衛、後ろより内匠を組み留めて働かせず。翌日（実際は三月一九日）、与三兵衛五百石御加増（千五百石となる）内匠はすなわち田村右京太夫に御預け。その夜切腹仰せ付けられていわく、勅答いまだ終らざるの間に、殿中にて狼藉《ろうぜき》の仕方甚だ不届きと思し召すと云々。吉良に何の御かまいなく、喧嘩の沙汰に仰せ出だされざる間、吉良も疵《きず》養生し前のごとく相勤《あいつと》むべしと云々。内匠従兄弟《いとこ》戸田采女頭《うねめのかみ》、内匠 弟《おとうと》 浅野大学、右両人に内匠召仕《たくみのめしつか》い等《ら》騒動せざるように、国元ともに致すべき由仰せ付けらるるなり。今日勅答もいまだ終わらず、ことに殿中の喧嘩は是非を論ぜず、先太刀《さきだち》打つ者非分になる事なり。上野介は四千二百石、従四位下少将なり。父は若狭守。内匠は長矩という。五万石余。居城は播州赤穂。江戸より百五十五里これあり。内室は松平紀伊守女《むすめ》。

（元禄一四・三・一四）

朝日文左衛門が、どこからこの情報を得たか不明だが、彼が記しているように事件の背景にあったのは「勅使饗応《ちょくしきょうおう》」である。毎年将

江戸城本丸に立つ「松之大廊下跡」の碑

軍は、天皇への年頭挨拶に高家《こうけ》を遣わすのが慣例だった。高家は故事典礼《こじてんれい》に通じた名族の子孫で、寛永の頃には大沢（藤原北家の流れ）、吉良（足利の流れ）の世襲が定まったらしく、のちに数が増やされて吉良家は高家筆頭とされた。この高家の挨拶に対し、天皇は答礼の勅使を毎年三月に江戸へ下向させた。勅使は将軍引見ののち、酒肴《しゅこう》や金品を贈られ、さらに猿楽《さるがく》の饗応がある。

事件直後文左衛門が得た情報で、吉良家への贈り物をしなかったことが事件の発端として挙げられていることや、喧嘩両成敗の原則が枉《ま》げられている点の指摘が注目される。以下、幕府側の正式記録である『徳川実紀《とくがわじっき》』から、事件の概要を抜き書きしておく（口語訳）。

○元禄一四年（一七〇一）の年頭挨拶は吉良上野介義央《きらこうずけのすけよしなか》（吉良の地元では「よしひさ」と呼ぶ）の役目で、正月一一日に京都へ向かい二月二九日江戸に戻った。

○答礼の勅使《ちょくし》は三月一一日に江戸へ着いた。勅使馳走役《ちそうやく》は浅野内匠頭長矩《たくみのかみながのり》である。翌一二日に将軍綱吉が勅使を引見し、一三日に饗応の猿楽が催され、翌一四日（新暦の四月二一日）は勅答の儀で、別れの挨拶に登城した勅使に対し綱吉から年賀勅書への礼があり、様々な贈り物をされる。その直前、つまり勅使が登城予定の巳《み》の上刻《じょうこく》（午前九時）ころ、留守居番梶川与惣兵衛《よそべえ》が吉良上野介と松の廊下（白書院廊下）で打合せをしているとき、突然浅野が吉良に斬りかかった。

※『元禄世間咄風聞集』には、「〈覚えたか〉と声かけ、背中二太刀《ふたたち》切りつけ候につき、上野介さま振り返りなされ候ところを、なおまた顔を切られなされ候につき、与惣兵衛様抱き止めなされ候」とある。

○事件後勅答の儀は、場所を黒書院に移して予定通り行われ、浅野内匠頭はその夜切腹させられた。翌一五日、勅使は上野《うえの》寛永寺と芝《しば》増上寺を参詣したのち帰京した。

浅野内匠頭の切腹とともに赤穂五万三〇〇〇石は没収、長矩《ながのり》の弟で旗本三千石寄合衆の浅野大学長広《ながひろ》は閉門となり（三月一五日）、赤穂城は明け渡しとなった（四月一九日）。一方の吉良上野介にお咎《とが》めはなかったが、吉良義央《よしなか》は職を辞し（三月二六日）、この年一二月には養子の義周《よしちか》に家督を譲った。
この間不穏な噂も流れたらしく、『鸚鵡籠中記』は次のような話を記している。

○七日　頃日、赤穂《あこう》の家中《かちゅう》一党し、領内へ他国他領の者を一人も入れず。城請け取りには、脇坂淡路守・木下肥後守趣《おもむ》く（赴く）。赤穂の家中所存を欲すと雖も、ただ殿中狼藉の趣きにて切腹なれば、誰に対し恨みを述べん、また内匠《たくみ》一家の者かく言うからは、これに違背せば甚だ理なしなど言い聞かせ、今月十九日に両人無事に首尾よく城請け取る。（元禄一四・四・七）

「赤穂の家中所存を欲す」とある。主君長矩が切腹なのに、吉良へのお咎めがないのは許せぬとする一派に対し、国家老の大石は「城明渡しのとき受城目付に存念を申し上げ、聞き入れられなければ切腹の覚悟」と約し、籠城といった過激な行動を何とか回避した。城の明渡しは済んだが、このまま無事収まるという保障はない。年末には次のような噂話が記される。

○伊勢亀山に百三十人余、松原に屯《たむろ》し幕を張り、鉄炮などを持つ者もあり。食事は餅など買うを給《た》べ宿を求めずと。赤穂の浪人なりという。（元禄一四・一二・一三）

翌元禄一五年、お家断絶により浪士となった旧家臣の間で、直ちに亡君の無念を晴らすべしとする原惣右衛門《はらそうえもん》（五五歳・三〇〇石）、大高源吾《おおたかげんご》（三一歳・二〇石五人扶持）、堀部安兵衛《ほりべやすべえ》（三三歳・二〇〇石）ら急進派と、まずはお家再興、仇討ちはその結果次第とする大石内蔵助良雄《くらのすけよしたか》（国家老、一五〇〇石）ら穏健派に意見が分かれた。しかし七月に弟の浅野大学が閉門を解かれたのち広島の浅野宗家《そうけ》へ指置《さしお》き（実質は配流《はいる》）となり、漸《ようや》く大石も討入りを決意したという。同志たちは八月から一〇月にかけ密かに江戸入りする。

討入り決行の一二月一四日（新暦一七〇三年一月三〇日）寅《とら》の上刻（午前三時過ぎ）、大石内助蔵ら二三名は表門から、子の大石主税《ちから》ら二四名は裏門から討ち入った。義央《よしなか》の首級をあげ吉良邸を引き上げたのが卯《う》の上刻（午前五時）頃、闘いは半時《はんとき》（一時間）ほどで終わったが、その後義央の探索に半時近くかかったという。『鸚鵡籠中記』には、討入りの翌日に以下の簡単な記載があるが、むろん事件翌日に名古屋へ伝わるはずもなく、後日書き加えたものである。

○十五日……夜江戸にて、浅野内匠家来四十七人、亡主の怨を報ずると称し、吉良上野介首を取り、芝《しば》専（泉）岳寺へ立ち退く。（元禄一五・一二・一五）

本所吉良邸のすぐ西側は回向院《えこういん》で、内蔵助らが開門を乞うたが後難を恐れて寺側は開けない。そこで浅野家の菩提寺である泉岳寺《せんがくじ》へ向かった。南西へ直線距離にして八キロ近くある。市中を避けて両国橋を渡らず船で隅田川を下ろうとしたが、船宿に断られ致し方なく左岸沿いを河口の永代橋まで下り、ここで小休止。それから橋を渡って築地鉄砲洲の旧赤穂藩上屋敷横を通り、新橋から現在の浜松町、田町を抜けその南泉岳寺に到った。泉岳寺門前で内蔵助は寺坂吉右衛門（三八歳・五石二人扶持、吉田忠左衛門組足軽）を呼び、広島浅野家への使いを命じたという。寺坂は任務を果たしたあと、主人の吉田忠左衛門（六二歳・二〇〇石、原惣右衛門とともに大石の補佐格）の女婿のツテで姫路へ移り、八三歳の天寿を全うした。つまり四七士のうち唯一切腹しなかった人物なのである。そのため「討入りに不参加」「参加後立ち去った」など様々な説が立てられ、四六士とする書もある（児玉幸多『日本の歴史』など）。大石に言い含められ、のちのち生き証人となるため敢えて「不参加」で押し通したのかも知れない。

泉岳寺では内匠頭の墓前に首尾を報告し、全員が焼香したのち、寺の好意で粥を振舞われた。その後大目付の仙石伯耆守《ほうきのかみ》屋敷へ移り、徒《かち》目付の取調べを受けたあと大名四家に「お預け」が言い渡された。大石内蔵助、原惣右衛門、片岡源五右衛門《げんごえもん》（三六歳・三五〇石）、吉田忠左衛門ら一七名は細川越中守邸へ、神崎与五郎《かんざきよごろう》（三七歳・五両三人扶持）ら九名は水野監物《けんもつ》邸へ、岡島八十右衛門《やそえもん》（三七歳・二〇石五人扶持、原惣右衛門の実弟）ら一〇名は毛利甲斐守邸へ、大石主税《ちから》、大高源五、堀部安兵衛、不《ふ》破《わ》数《かず》右衛門《えもん》（三三歳・元一〇〇石、当時浪人）ら一〇名は松平隠岐守邸へ移された。彼ら四六名がそれぞれの屋敷で切腹するのは、翌元禄一六年（一七〇三）二月四日のことである。

松の廊下事件が元禄一四年三月一四日、（閏月を加え）一年一〇カ月後に、亡君の恨みが晴らされ、それから約二カ月後に関係者全員が切腹、丸二年に及ぶ壮大な「喧嘩」であった。

吉良邸から泉岳寺までの道順

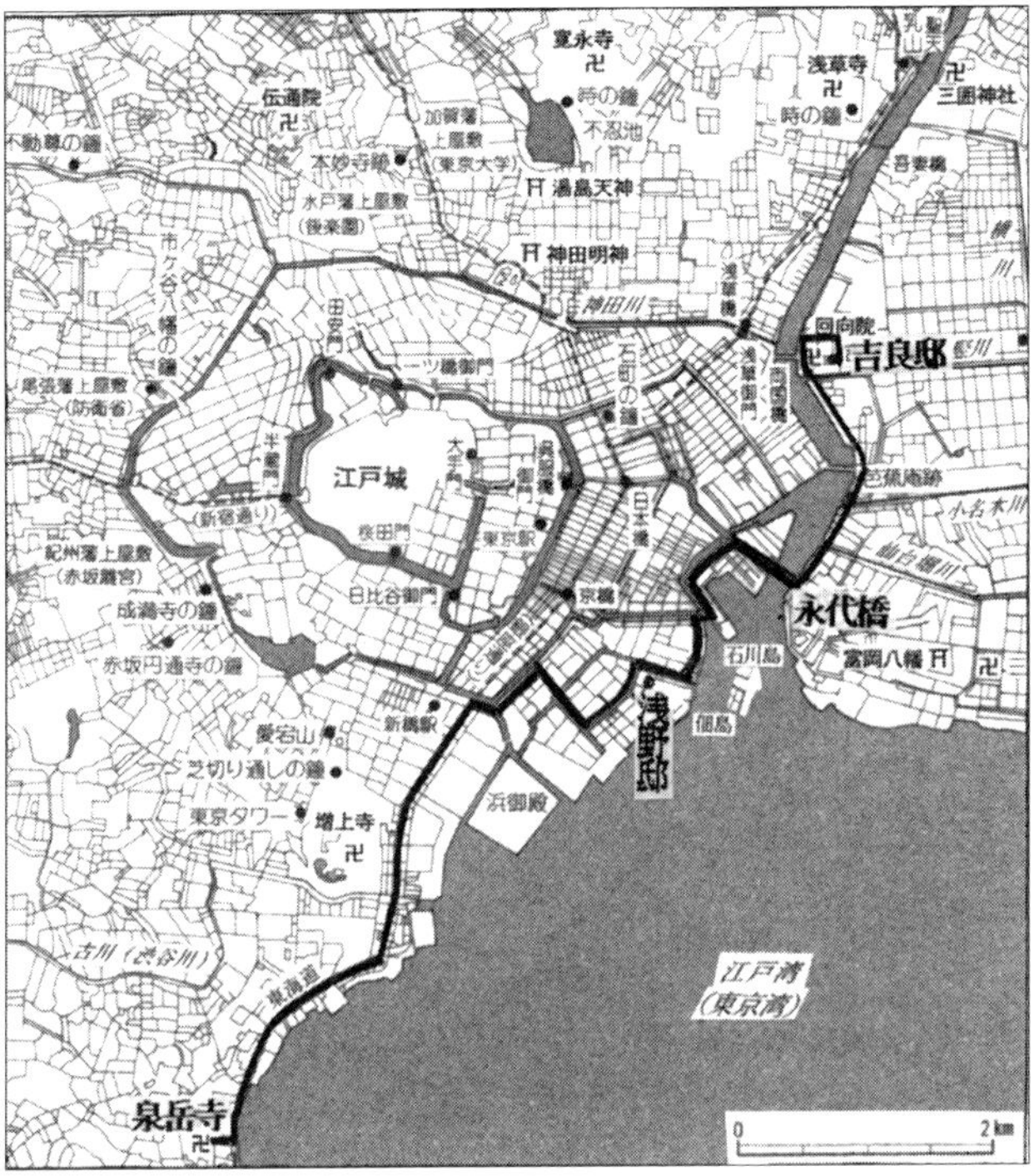

尾張藩の忠臣蔵

この討入りに尾張藩の関係者がいたことは、意外に知られていない。しかもかなりの大物である。

『鸚鵡籠中記』元禄一五年と翌年の条に、次の記事がある。

○廿日……内匠《たくみのかみ》家来片岡源五右衛門は、熊井十次郎が子なり。これによりて遠慮す。中根清太夫も又従兄弟《またいとこ》ゆえ、これは自分遠慮。（元禄一五・一二・二〇）

○晦日《みそか》……熊井十次郎の遠慮御免。中根清太夫も自分遠慮せしが、今日より罷り出る。近松幸安父子も遠慮なく罷り出づべき由。町奉行よりこれを申し渡す。赤穂夜討ちの事に付きてなり。

（元禄一六・二・晦日）

記事にあるように、浅野内匠頭の側用人片岡源五右衛門高房《たかふさ》の実父は、尾張藩士熊井重次郎《じゅうじろう》である。熊井重次郎と言われてもピンとこないが、熊井家の先祖は近江の出身で、重次郎（十次郎とも）の父藤兵衛《とうべえ》は和歌山藩の浅野家に仕えていた（『士林泝洄』）。

慶長二〇年（一六一五）、浅野幸長《よしなが》（一五七六～一六一三）の娘春姫《はるひめ》（一六〇二～三七、法名高原院《こうげんいん》）が初代尾張藩主義直《よしなお》（一六〇〇～五〇）のもとへ嫁いだ際、熊井藤兵衛は随従して来名し春姫没後もそのまま尾張藩にとどまった。藤兵衛の長男重次郎は二代藩主光友の小姓に採用され、のち御供番として三〇〇石を賜わった。重次郎は子沢山《こだくさん》で、長男藤兵衛次常は五十人組に採用され、三男長左衛門重康は成瀬隼人正《はやとのしょう》の同心として一五〇石の禄《ろく》を食《は》んだ。

問題の源五右衛門は幼名新六、生まれ順では長男だが妾腹に生まれたため次男として扱われ、八歳のとき叔父（父の弟）片岡六左衛門の養子となり、成人して片岡源五右衛門高房《だかふさ》と名乗った。片岡家は播州《ばんしゅう》赤穂の浅野内匠頭《たくみのかみ》に仕えており、高房も養家の家禄百石を継いだが、一九歳で二〇〇石、二四歳で三〇〇石、元禄一二年（一六九九）三三歳で浅野内匠頭の近習役から側用人となって三五〇石を給され、実家の熊井家を凌《しの》ぐほどになった。しかしこれが絶頂期で二年後の元禄一四年、主君の刃傷事件により赤穂浅野家は断絶、一介の浪士となったのである。

事件当日（一四日）、片岡源五右衛門は主君の江戸城登城のお供をしたあと、大手門の下馬先《げばさき》で供待ちしていたが、幕府の目付から松の廊下で刃傷したことを知らされ、急いで築地鉄砲洲《てっぽうず》の赤穂

【熊井家系譜】（『片岡源五右衛門と名古屋』より）

- **熊井藤兵衛**
  - **重次郎重次**　正徳四・八四歳没
    - **藤兵衛次常**　元禄九年五十人組、宝永八・四一歳病没。
    - **源五右衛門高房**　寛文七年生。
    - **長左衛門重康**―重次郎（正徳六年生）―金兵衛（実は酒井次男）…　享保三年、成瀬隼人正同心一五〇石、犬山へ引越す。元文三・六六歳病没
    - **女子（ユイ）**　須賀理右衛門妻、寛延元・七四歳没。
    - **幸右衛門重長**　延宝七年生、今井水右衛門の婿養子。元禄七年、友著（川田久保家）小姓。
    - **女子（ルウ）**　小野寺権右衛門妻、宝暦八没。
    - **女子（ルイ）**　実は片岡源五右衛門娘、長左衛門妹とし津金善次右衛門に嫁す。
  - **片岡六右衛門**＝**片岡源五右衛門高房**
    - **娘（兄重次が仮親）**　中根清太夫親良の妻
    - 高房の子
      - **片岡新六**
      - **同　六之助**
      - **女子（ルイ）**

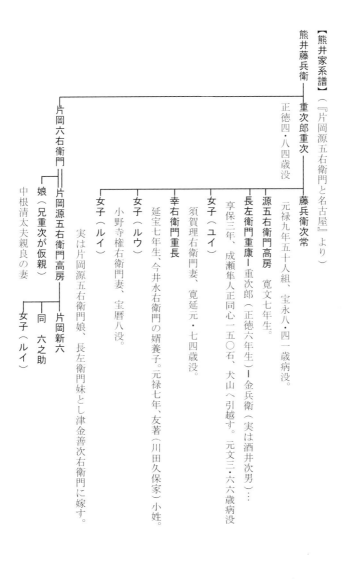

藩上屋敷に引き返した。国許への連絡や江戸屋敷の後始末のためである。一方主君刃傷の第一報を知らせるべく早水《はやみ》藤左衛門（馬廻・一五〇石、三八歳）と萱野三平《かやのさんぺい》（中小姓・一三両三人扶持、二七歳）が浅野大学長広《ながひろ》（長矩《ながのり》の弟、広島藩お預け後、五〇〇石寄合復帰）の書状をもって昼過ぎに藩邸を発ち（第一の早打）、一五五里（六二〇キロ）の道のりを駕籠で飛ばし、一九日の早暁に内蔵助邸へ到着した。

早水は弓術に勝れ、尾張藩の弓の名人星野勘左衛門から射芸を伝授されたという。一方萱野は『仮名手本忠臣蔵』の勘平のモデルとされ、お軽と駆け落ちしたり五〇両盗ったりと損な役回りだが、実際は事件のあと親から仕官を迫られ、忠孝のハザマに悩んだすえ義を貫いて自刃したのである。

赤塚近くに生まれた片岡源五右衛門

多くの書は、片岡源五右衛門の実家熊井家が「東芳野町」に在ったと記す。いまの「芳野一丁目」である。しかし「芳野町」や「東芳野町」は明治四年廃藩置県以降の町名で、「芳野一丁目」にいたっては昭和五六年以降の町名になる。元禄頃の表記では単に「長久寺筋」だろう。この筋の名となった東岳山「長久寺」は境内一万坪余の大寺で、真言宗智山派の名刹《めいさつ》である。前藩主松平忠吉《ただよし》（家康の四男）が武蔵の忍《おし》時代に祈願所とした寺だが、忠吉の尾張移封にともない慶長六年（一六〇一）重倎《じゅうちん》上人を開山として清洲へ移り、城の鬼門を守った。さらに慶長一五年の名古屋遷府後現在地に移築されたが、天明五年（一七八五）類火に罹り、総門、鎮守八幡社を残してすべてを焼失、戦後は境内地も大幅に縮小された。

片岡源五右衛門の実家である熊井重次郎宅は、この長久寺筋の東南角の赤塚町大木戸近くにあり、西隣りには新井安右衛門が、裏には室賀久太夫が住んだ。室賀の屋敷は一本南の「相応寺筋（長塀筋・

出来町通〕」に面している。当時東西通りの長久寺筋や相応寺筋は武家屋敷が軒を連ね、町屋はなかった。町屋は鉄砲塚町（現、相生町）から赤塚町にかけての南北通りで、赤塚辺で東西の武家屋敷筋と交わり、そこに「赤塚町大木戸」が設けられていた。ここを出ると名古屋の御城下を離れることになる（一〇一頁地図参照）。

熊井家の西隣りの住人新井安右衛門吉正《よしまさ》は、元禄一〇年（一六九七）に父正次《まさつぐ》の家領を継いで御馬廻となり、二年後に二之丸御留守居役になった。父は正保三年（一六四六）に五十人組に召出《めしだ》されて小頭《こがしら》になった後、市ヶ谷のお屋敷奉行に就任し采地一五〇石を賜わった。この一五〇石が新井家の家禄である。先祖は武州の出で松平忠吉の忍《おし》時代に採用され、義直のとき竹腰《たけのこし》山城守の許で大坂の役に従軍して以来、父から吉正に至るまで竹腰家に属した。

尾張藩の家臣団には幾つかのグループがあり、たとえば義直の傅役《もりやく》だった平岩親吉《ちかよし》の家臣団は弓削《ゆげ》衆、義直の甲斐時代の家臣を御朱印衆といった。また先の藩主松平忠吉《ただよし》時代の家臣団には甚太郎衆、忍《おし》新参衆、尾張衆、清洲新参衆などがあり、新井家はそのうちの「忍新参衆」にあたる。

熊井家の裏は正徳頃の『尾府名古屋図』では空欄になっているが、享保一八年の『名古屋図』には室賀《むろが》久太夫の名が記される。『士林泝洄』によると室賀家の祖は甲州武田家に仕えていたが、勝頼滅亡後、家康に従った。のち義直に五〇〇石で召し抱えられ、黒門足軽頭《かしら》になって三〇〇石を加増された。この跡を久太夫正次《まさつぐ》が継ぎ、元禄期に嫡子の久太夫正長《まさなが》が五〇〇石、次男只右衛門秀正《ひでまさ》が三〇〇石を継いだ。久太夫の跡を養子（久太夫の甥）の清左衛門寿敬が二五〇石で継ぎ、正徳二年には主家を離れ高須家初代の義行《よしゆき》（三代藩主綱誠の弟）に属した。正徳の城下図で消えているのは、そうした事情によるのかも知れない。竹腰家に属した新井家同様、この辺りは陪臣の家が多い。

熊井家周辺の地理

熊井家の表通りが長久寺筋、東側は町屋の赤塚町である。明治以降長久寺筋は「長久寺町」と「東芳野町一丁目」になり、赤塚町《あかつかちょう》（「あかつかまち」とも）はそのままだった。赤塚の由来は「赤土の大なる塚があり、鉄砲の射的場とされていたが、寛文《かんぶん》三年（一六六三）に町屋《まちや》が作られたとき、この名が付された」（『名古屋市史　地理編』）もので、赤塚町の南続きは「鉄砲塚町」（明治四年相生町《あいおいちょう》に改め）だから、由来の話が符合する。

江戸時代に大曽根方面から「御城下」をめざした人たちは「下街道《したかいどう》」を通ったが、これがほぼいまの国道一九号にあたる。ともに森下駅の西を通り、その後は併走する。併走の途中一カ所交錯するのが赤塚交差点の手前で、下街道は長久寺筋にぶつかっていったん右折し、またすぐに南進する。そこに「赤塚町大木戸」があり、下街道はこの大木戸を通ってさらに南へ、御城下を進んだ（次頁地図参照）。

下街道は善光寺街道ともいい、名古屋城下と中山道《なかせんどう》をつなぐ脇往還《わきおうかん》である。伝馬町《てんまちょう》筋と本町通《ほんまちどおり》の交差点「札《ふだ》の辻《つじ》」を起点に、大曽根から矢田川、庄内川を渡って春日井市の勝川《かちがわ》へ、さらに鳥居松、篠木、坂下から内津《うつつ》峠を越えて岐阜県の多治見《たじみ》市池田へ至り、ここから庄内川上流の土岐《とき》川に沿って土岐、釜戸《かまど》へのぼり、大井《おおい》宿の手前恵那《えな》市槙ヵ根《まきがね》の追分で、中山道に合流する。全行程一三里二〇丁（約五三・二キロ）の街道で、ほぼ現在の国道一九号にあたる。

下街道の起点は、「歴史の道調査報告」（『下街道』）が「名古屋城下、佐野屋の辻を起点に……」とし、『新修名古屋市史』も「名古屋鍋屋《なべや》町の佐野屋の辻が出発点」と記す。一方『尾張の街道』（桜井芳昭）は「下街道は伝馬町通本町交差点が起点」と記し、添付史料の「大曽根へ一里」「勝川へ二里」は、いずれも「札の辻」からの里数である。札の辻は名古屋御城下の「おへそ」みたいな処で、江戸時代の街道の「距離計算の起点」である。計算上の起点をそのまま街道の起点としてよいか問題は残るが、里数計算するには「札の辻」起点説が便利だ。因みに「札の辻」と「佐野屋の辻」は、半里ほど隔たる。（歴史の道調査報告VI　愛知県教委　平成二年度）

「佐野屋の辻」はむかしの九十軒町《くじっけんちょう》と萱屋町《かやまち》の交差点であり、いまの国道一九号「代官町交差点」にほぼ合致する。佐野屋とは尾張藩御用達《ごようたし》で、酒、味噌、溜りを商う中村家の屋号である。丹羽郡佐野村（現、一宮市）の中村清左衛門が慶長一六年（一六一一）に名古屋の九十軒町（現、東区泉三丁目）へ移り住み、出身地の佐野を屋号とし代々与右衛門《よえもん》を名乗った。その佐野屋酒店が辻（十字路）の西北角にあり、やがて子孫が東南角に味噌店を出店、ともに繁盛して藩の御勝手御用達《おかってごようたし》（寛政以後、藩札の兌換《だかん》のため御用金を調達する）に選ばれるほどの富商となり、この辻が佐野屋の辻と呼ばれたという（『下街

赤塚の大木戸周辺図（点線は現在）

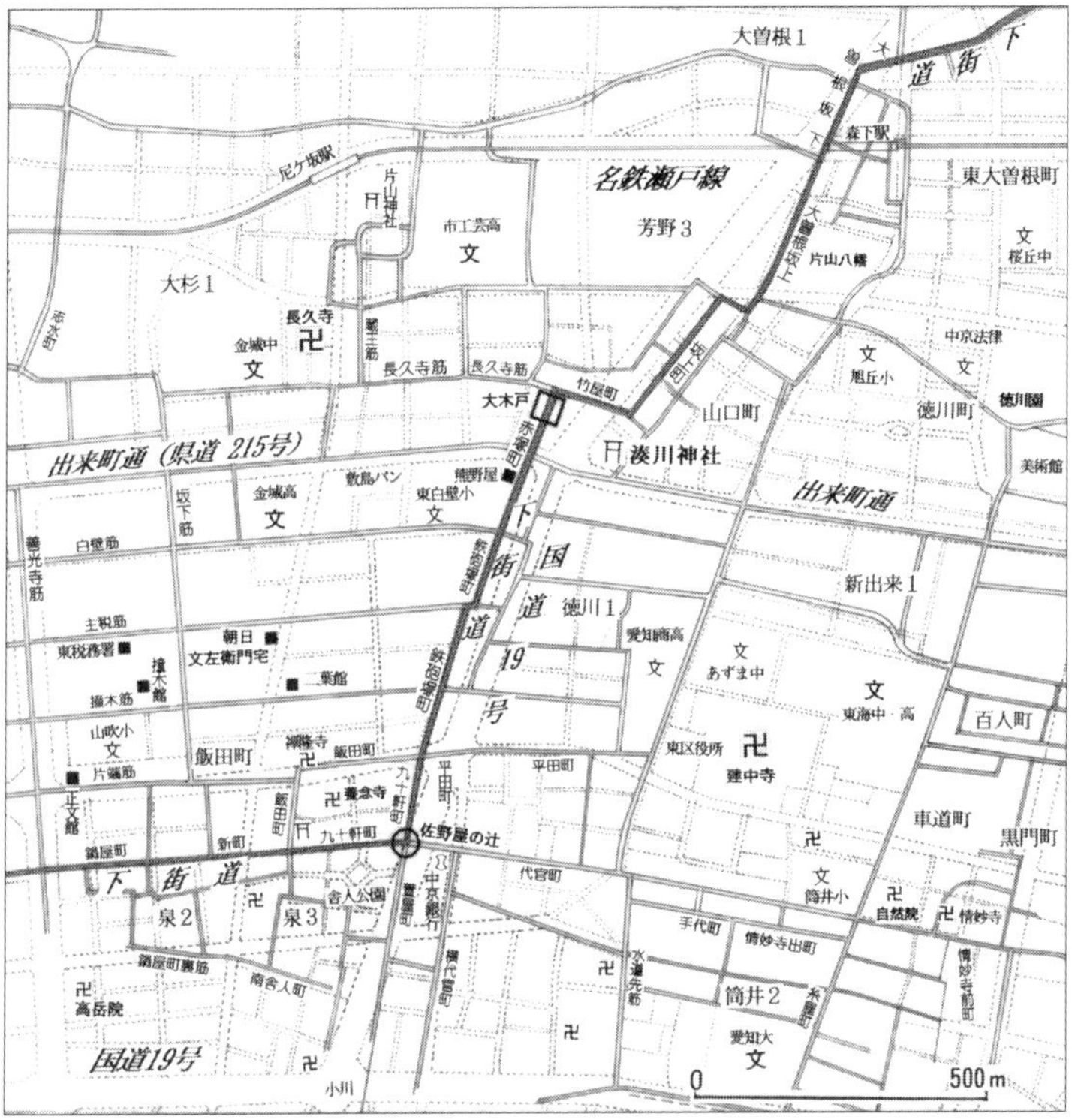

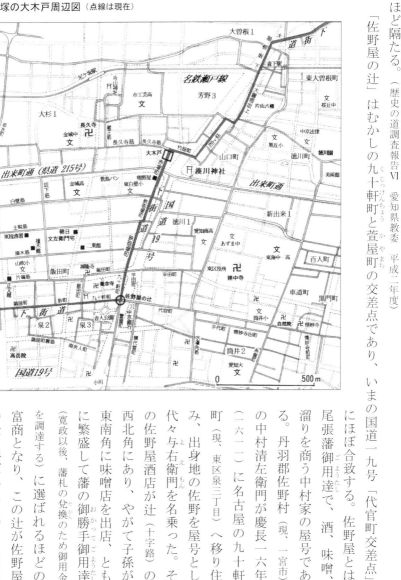

道』）。また寛政末年には、熱田奉行津金《つがね》文左衛門が拓《ひら》いた熱田前《まえ》新田（港区）にも土地を持ち、中川運河右岸の河口近くに佐野町《さのまち》の名を残している。

佐野屋が住んだ九十軒町《くじっけんちょう》とは聞きなれない町名だが、京町《きょうまち》筋（五条橋筋、中日病院・中北薬品北側の道）の東端《ひがしはし》に位置する。江戸時代の地割《じわり》（「ちわり」とも）が残る「明治二六年地形図」をいまの地図に重ねると、九十軒町は「飯田町南交差点」から「代官町交差点」の間の町並みに該当する。「佐野屋の辻」の道標がいまの国道沿いに残るのは、旧下街道筋が五〇メートル北で現国道一九号に飲み込まれてしまったためで、東西筋（九十軒町〜代官町）は生き残っているから、現道標がズバリむかしの「辻」を指す。

道標の四角柱（高さ一七〇・幅二五センチ角）は花崗岩《かこうがん》製で、西面に北をさす指《ゆび》の絵とその下に「善光寺」の大きな刻字、北面は西方をさす指の絵と「京大坂道」の文字、東面には「明治十年、いれは業鍋屋町加藤新兵衛」の刻字がある。「いれは業」は「いれば業」と思われるが、いったいそんな「業」があるものかと『愛知商売繁盛図会』を繰《く》っていたら、「入歯職・鍋屋町・加藤」と出てきて驚いた。「工之部」の彫金《ちょうきん》、大工、下駄《げた》製造、傘製造の欄に並んでいる。入れ歯は義歯《ぎし》ではなく、下駄の歯である。なお道標の左手に昭和五〇年に設置された「中村家発祥の地」の記念碑があ

佐野屋の辻北西角の食堂2階に駕篭かきの人形がつくられている

辻の南西角に立つ道標

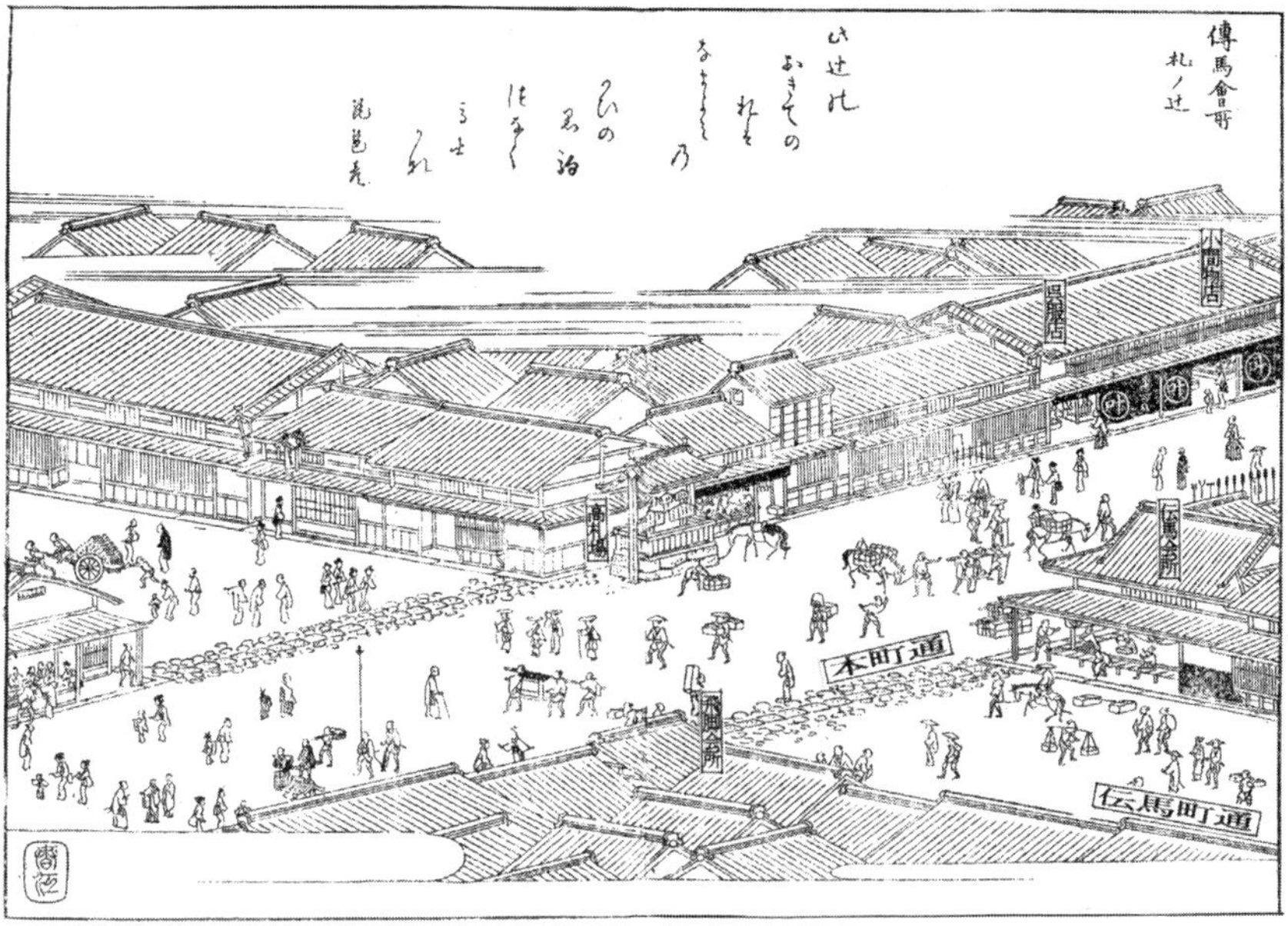

札の辻（『尾張名所図会』）

る（『愛知商売繁盛図会』）。

下街道の現代版「国道一九号」は、起点が国道一号と交わる「熱田神宮南」交差点にあり、これより南は国道二四七号になる。一九号はこの起点から北へのぼり、金山駅、西本願寺別院、白川公園の西を通り日本銀行を右折して桜通へ、時の鐘の桜天神社、東急ハンズが入るアネックスビル、築城時の普請小屋跡に建つ富士神社の前を通って、信号交差点「小川」に至る。この交差点を左折して北上し、「泉三丁目」交差点を過ぎると「代官町」に至り、ここで「佐野屋の辻」と重なる。

赤塚町の話から逸れたが、赤塚の大木戸があった南に、いま「熊野屋」という食品を扱う店がある。享保《きょうほう》一〇年（一七二五）からここで「油屋」を営んでおり、店《たな》つづきに残る家は文化五年（一八〇八）に建てられたという。かつて佐野屋と同様に藩の御用達もつとめた富商で、御城下の油屋元締めであった。林董一《とういち》氏の『名古屋商人史』は、御城下の有力商人を網羅的に扱った労作だが、この中で九十軒町の佐野屋は「御用達」として上位に記されており、赤塚・坂上町にある二軒の熊野屋も、御用達に准じる店として挙げられている。

某日熊野屋を訪れ、ご主人の熊田《くまだ》氏から油や食品一般について高説を拝聴したが、店で扱われている品々は各地の手作り品が選ばれており、風媒社の郷土本なども並べてあった。店の奥には簡単な展示コーナーがあって、老舗《しにせ》らしい古い記録や鑑札・商売道具、それに商家の名前や木戸を記した文化一〇年（一八一三）の「名古屋赤塚町之図」があり、撮影を快く承諾していただいた。「赤塚町之図」は、三カ所の辻に計五つの木戸を記載している。そのうち長久寺筋との丁字路にあるのがいわゆる「大木戸」と思われるが、図中表記は単に「木戸」である。『金鱗九十九之塵《こんりんつくものちり》』の「阪（坂）上町」の項に、「大城戸／このところまで府下の木戸内にして町中《まちじゅう》と称す。これより北は木戸外なり」とあり、これを採って「下街道筋の大木戸は坂上町に所在」と記す書もある（『新編市史』）。時期により大木戸が多少移動することがあったのかも知れないが、ここでは「尾府全図」（明治三年　鶴舞図書館蔵『旧市史』付図）に従い、「赤塚町所在の大木戸」としておく。

ついでに赤塚大木戸の近くのお寺と神社にも触れておこう。

熊井家裏の室賀家は相応寺筋（出来町通）に面しているが、通りを挟んだ向かいに浄土真宗東本願寺派の遺教山「心海寺」がある。いまの東区赤塚町になる。もと三河国吉良庄瀬戸村に在り、大永二年了浄（東京品川心海寺六世・了親の子）の建立と伝える。兵火に罹り、子の了澄と共に尾張の清洲に移り、さらに寛永二〇年（一六四三）名古屋赤塚の地に移った。中興開基は入本房浄専。二代藩主光友が大曽根御殿で心海寺の太鼓の音を耳にし、尋常でないとしてこれを取り寄せたところ果たして銘があり、むかし三州合戦の折に使われた陣太鼓と判明した。そこで大曽根八幡社に寄付し、代わりに元禄一一年「光友卿御寄附」の銘のある半鐘が寄付されたという。天明五年正月に類火により焼失、その後再建。本尊は木造阿弥陀如来立像である（『名古屋市史社寺編』大正四年　名古屋市役所）。

もう一つの寺が天理山「大用寺」で臨済宗妙心寺派。やはり赤塚町の所在で熊井家の斜め向かいにあたるが、今はない。もと春日井郡落合村（西春日井郡春日村）に在り、佐々成政（一五三九～八八、織田・豊臣の武将）の建立と伝える。大用寺殿は成政の法名で、佐々家の菩提寺だったらしい。

『片岡源五右衛門と名古屋』（箕形鉄太郎・大正五年）に「彼（幼き日の源五右衛門）、常に竹馬を大用寺門前にたて、群児と石戦輸贏《しゅえい》（勝負）を争いし状に想到すれば、彷彿《ほうふつ》として目前見るが如き感ならんばあらず。熊井氏は宝暦年（一七五一～六四）頃までも引き続き此処に住したりしが、その後何処《いずこ》かに転居して、安永年（一七七二～八一）の頃には、都築勘兵衛代りて此処に住居せり」と記している。「大用寺の門前に竹馬を立て掛けたり、石合戦を争ったり……」は著者の想像だが、さほど大きくない寺の境内は、子供らの格好の遊び場であったろう。

熊井家周辺の地理（アミカケは江戸時代の区画）

神社には「赤塚神明社」がある。いま赤塚交差点の北東角に位置し、市販の地図に境内社の湊川神社の名

で載ることもある。江戸時代は境内地東西二五間（四五㍍）、南北三九間（七〇㍍）の広さだったが、いまは相当減じられている。赤塚町が成立した寛永頃、町中の氏神として祀られたらしい。赤塚大木戸の東に位置し、他の大木戸（橘町、樽屋町）同様、芝居が興行されたらしく、朝日文左衛門の日記にもここに足繁く通ったことが記載されている。

尾張藩の反応

赤穂浪士の討入り事件に、尾張藩士は直接関わっていない。しかし浪士の実家や親戚などの家はあって一応「恐れ多いこと……」と、謹慎の意を表す必要があった。文左衛門の『日記』にも謹慎に関する記事があり、実父熊井十次郎と従兄弟の中根清太夫が「遠慮」（自宅謹慎）したことは、前に触れた。翌年の二月四日に大石内蔵助以下四六名が切腹して一件落着となり、二月末日に両名の遠慮は解けた。

「従兄弟《いとこ》の中根清太夫」とは、源五右衛門の従姉妹《いとこ》の嫁ぎ先が、中根家だったことを指す。叔父の片岡六右衛門は、養子の源五右衛門に家督を譲ったのち娘を連れて名古屋へ移り住み、やがて娘を中根清太夫（親良）に嫁がせた。片岡源五右衛門の義理の姉妹の嫁ぎ先が、中根家だったのである。

中根家は三河滝村の出身で、親良の祖父が成瀬隼人正の同心として一五〇石で召し抱えられ、代々清太夫を名乗った。親良は元禄一五年七月に没して長男の政良が跡を継いだが、次男の次郎左衛門種良《たねよし》は、それより二年前に岩之丞（光友二男、高須家初代義行）の小姓に採用されている。

近松茂矩の『昔咄』によると、源五右衛門は討入りの一両日前江戸の中根次郎左衛門の長屋を訪れ、「近日他国へ行くので暇乞いに来た」と言い、終日楽しそうに過ごした。次郎左衛門はまだ幼く傅役の兼松某がお相伴をしたが、謡など歌い快活な様子であったと記す。幼い甥に会いに来たというより、その母親（従姉妹）への暇乞いだったかも知れない。

近松はこのエピソードにつづけて「浅野内匠頭殿の家来には、私の一族がたくさんいた。近松勘六や弟の奥田貞右衛門は忠義を全うしたが、ほかの近松貞六・同新五などは憶病風に取りつかれて逃げ去り、全くの面汚しだ。そのうえ姓名を変え、奥野将監ら卑怯者とともに名護屋に住んだと聞く。飛んだ罰当たりだ」と憤慨している。

近松勘六は御馬廻二五〇石取り、事件が起きたとき参勤交代のお供で江戸にいたが、屋敷の引渡しをまって赤穂に帰り義盟に加わった。城の明け渡し後高野山にのぼり、主君長矩の墓碑を御廟橋《ごびょう》近くに建てた。沈着冷静な人柄で周囲の信頼も厚く、乳母や義母への孝行も行届いたものだった。討入りのとき凍った雪に足をとられて池に落ちたが、これがのちに清水一学との奮闘の場面として使われた。

奥田貞右衛門は勘六の異母弟で、赤穂藩士奥田孫大夫の娘婿となり、義父とともに江戸に住み医者に変装して吉良家を探索した。自刃のときわずか二六歳だった。義父孫大夫は武具奉行を務め、堀部安兵衛とは同門の直心影流の遣い手であった。仇討急進派の先頭に立った人物である。

※近松茂矩（彦之進）は尾張藩兵学の大家。自ら居合、兵法、棒術をよくし、その著『昔咄』は「名君行状記」といった内容で、とくに初代義直、二代光友に記述の重点をおき、三代綱誠から著者が近侍した四代吉通に及ぶ。安永七年（一七七八）八七歳で没した（「名古屋叢書」二四）。

討入り前後の逸話が『尾張名所図会』（巻二）にも載る。片岡源五右衛門の墓が東田町《ひがしたまち》の乾徳寺《けんとくじ》に在ることを記した一節である。

○主家（浅野家）が廃絶したのち、家臣たちはいずれも身を窶《やつ》して世を忍んでいたが、片岡源五右衛門高房も熊膽丸《ゆうたんがん》売りを装って名古屋の実家を訪れた。父は「もはや仇討を忘れ去ったか」と憤り罵《ののし》ったが、高房は黙って去った。間もなく討入りが決行され、一報を伝える瓦版売りが門外を通った。父は走り出て摺り紙をひったくり、その中に我が子の名を見つけると大声をあげ、狂ったように地を転《まろ》びつづけた。

高房が討入り前に名古屋の実家に寄ったという記録はなく、ずっと後になっての創作であろう。事件が起きた当初の尾張藩の反応は至って冷静で、見様によっては冷淡にすら感じられる。あくまで「大きな喧嘩」であり、喧嘩は藩是として両成敗である。しかし時が経つにつれ、しだいに「義士・忠臣」の一面が強調されるようになり、いくつも逸話が生まれたのだろう。

討入りのような大事件は別として、町なかの「刃傷沙汰」は数え切れないほど発生している。とくに狭い道での接触が喧嘩の原因になった。それも武士同士ならともかく、武士と庶民の間の諍いが結構多い。身分制度が厳しかったのにと、少し意外な気がする。長崎の討入り事件も、泥をかけられた奉公人が、謝罪する武士に向かい悪口雑言を吐きかけたのが原因で、庶民側の威勢のいいのに驚かされるが、『鸚鵡籠中記』にも結構似た話が出てくる。「喧嘩総まとめ」ということで、以下、名古屋の例を二、三挙げておこう。

名古屋柳原の喧嘩

○暮前、隼人正《はやとのしょう》小番《こばん》平尾伴内《ばんない》と御歩行《おかち》中村円右衛門《えんえもん》と、志水より柳原《やなぎはら》へ出る細路《ほそみち》にて大曽根《おおぞね》村の竹屋甚八《じんはち》に逢いたり。路をよけざるとてこれを叱《しっ》す。かつ沼田へ突き入れ通りしに、甚八弟の宿近所なりしが、ここへ甚八来たり堪忍《かんにん》ならずとて、甚八棒を以て追いかけ出でたり。弟又六《またろく》も続いて出《い》づ。二人の士立ち止まり刀にて戦いしに、甚八棒にて敲《たた》き付くるを、士すなわち甚八と組み合う。組み伏せられて耳に喰い付く。その間に一人の士甚八を切る処に、又六兄を救い、共に両氏を切り殺す。甚八は夜半に死す。又六は指を切り落とされたるばかりなり。又六は中間牢人《ちゅうげんろうにん》なり。宿に番付く。平尾伴内十五石なり。宿は前津《まえづ》の新屋敷なり。
○隼人正この喧嘩を聞き、わが家来なるやとて一人見せにやられたるに、家来にてはこれなしと申す。なお心元なくて重ねて目付役と他に一人やられたるに、これもはじめの通り申す。これ又六白刃を持ちて兄が死骸の側に居りて、寄せ来る者を相手にするなどと申す故、恐れて近づかずと云々。隼人正、後に我が家来なることを聞き大いに怒り、最前の使の者どもを手打ちにせんとす。かれこれ扱いにて、目付役取り上げらる。（宝永二・二・二二）

隼人正《はやとのしょう》は尾張藩の付家老《つけがろう》で犬山城主成瀬氏のこと。ここにいう隼人正は四代目成瀬正幸《まさゆき》で、元禄一六年（一七〇三）以来三〇年にわたり藩政の中心にあった。平尾伴内はその小番《こばん》、つまり輪番で仕える近習《きんじゅ》で一五石取り、もう一人の中村円右衛門は行列警護の徒士《かち》で尾張藩では一二石とされる（笹間良彦『足軽の生活』）。ともに、成瀬氏に属する下級武士であった。

成瀬氏は藩の最高年寄として、名古屋に広大な屋敷地を拝領していたが、拠点は犬山にある。そこで名古屋城と犬山城を結ぶ最短道路（清水～小牧間新設、小牧～善師野間改修、楽田追分～犬山間新設）が整備され、二代正虎《まさとら》の寛永年間に藩営の公道がほぼ完成した。この官道の楽田追分《がくでんおいわけ》から右をとれば善《ぜん》師野《じの》を経て土田《どた》へ至り、中山道に繋《つな》がる。犬山街道（小牧街道・稲置《いなぎ》街道）とも木曽街道（上街道《うわかいどう》）とも呼ばれる道だ。

二人の武士は御用のため、犬山城下から名古屋の成瀬屋敷へ向かった。犬山台地をまっすぐ南へ下《くだ》り、楽田《がくでん》から小牧《こまき》宿を経て味鋺《あじま》へ、さらに庄内川・矢田川を渡って安井《やすい》村へ、東志賀《ひがししが》村の南で堀川の橋を渡り、志水口《しみずぐち》（清水口）へ出た。当時の絵図では、街道に沿う志水（清水）集落の北外れを志水口としているが、いまは南の清水坂を上りきった出来町との交差点、かつて宝石の美宝堂のあった辺を「清水口」と呼んでいる。

岡本柳英《りゅうえい》氏は「古い清水坂は、現在の国道四一号より一つ西の筋をいい、北へ下るにつれて、くの字に折れ曲がり、下り切ったところで今度は直角に東へ曲がり、六〇メートル先で再び北進する珍しい坂道」（『名古屋の坂道』）と紹介されている。坂の途中で直角に二度折れ曲がる坂は、たしかに珍しい。二つの曲がり角の中央を国道四一号（高架上は名古屋高速一号）が南北に切っているため、いまは一続きの坂道に見えない。

この清水坂を上って出来町通りを西へ進むと外堀の東大手門（明和高校の前）にいたるが、二人は坂の手前で西へ折れ、崖下の田んぼ道を柳原方面へ向かった。成瀬氏の中屋敷（明和高校グランド辺）をめざしていたのだろう。成瀬氏中屋敷は、当時柳原屋敷とか柳原役所と呼ばれていて（『金鱗九十九之塵』巻四八）、犬山支配のための寺社奉行や勘定奉行、代官所などが置かれていた。事件が起きたのは、志水から柳原役所へ向かう細い田んぼ道だった。

向こうから大曽根へ戻る竹屋の甚八《じんぱち》が急ぎ足にやってきて、二人にぶつかりそうになった。道端に避《よ》ける素振りを見せないから「無礼者！」と沼田へ突き飛ばした。怒った甚八は近くに住む弟の又六に加勢を頼み、二人で棒を持って侍を追いかけた。棒と刀の闘いだが、中間牢人《ちゅうげんろうにん》の又六は腕におぼえがあったとみえ、奪った刀で二人の侍を斬り伏せてしまった。

中屋敷で事件を聞いた隼人正正幸《まさゆき》は、場所が場所だけに家来かも知れぬと思い、すぐに確かめさせた。家来ではなかったと報告を受けるが、胸騒ぎがして再度目付たちを検分に遣《や》った。現場では又六が兄の死骸の横で白刃を構え威嚇している。怖れをなした目付らは「やはり違うようだ」と復命した。しかし嘘はすぐにバレる。正幸の怒りを買いあやうく手討にされるところだったが、のちにクビにされた。

この『日記』が記す一件は、藩の事件簿とも言うべき『紅葉集《もみじしゅう》』（成立年、作者不詳）にも、収録されている。大筋では同じだが、最初行き交《か》ったのは伴内一人で彼が沼田へ叩き込まれたこと、そこへ来合わせた円右衛門が甚八を斬り、さらに駆けつけてきた弟又六が伴内の捨てた刀で円右衛門を斬ったこと、目付は細野伝蔵という一〇〇石取りで、改易になったことなどを記す。

清水町、柳原町の周辺

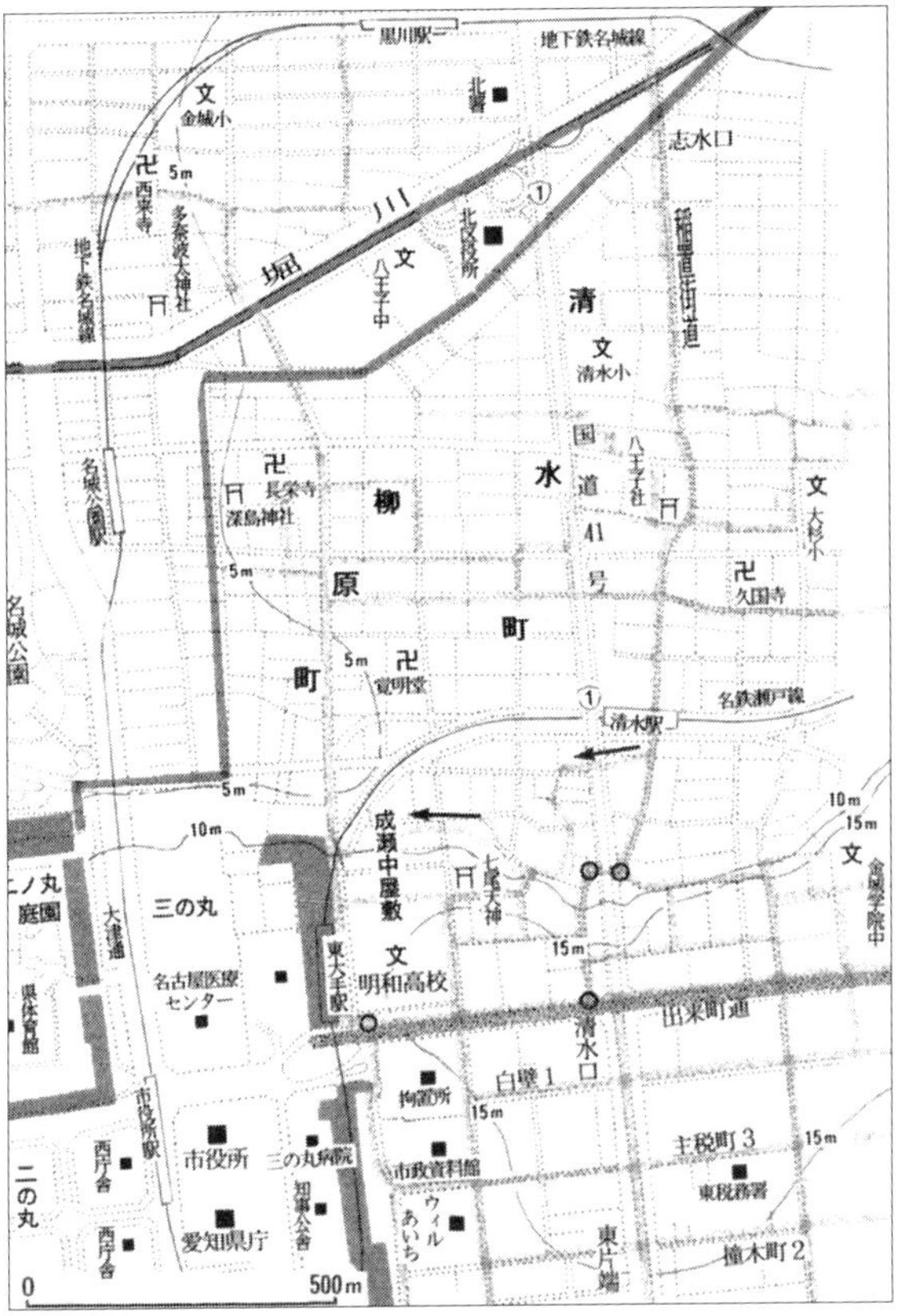

古い清水坂（南から写す）

前津の新屋敷

『鸚鵡籠中記』は、「平尾伴内の宿は、前津の新屋敷」と記している。少し説明しておく。地下鉄名城《めいじょう》線と鶴舞《つるまい》線の接続駅に〈上前津《かみまえづ》〉があり、一つ金山《かなやま》寄りが〈東別院《ひがしべついん》〉になる。この東別院で下車し地上に出ると目の前が名古屋テレビ、その西隣りが東本願寺東別院である。むかしはテレビ局や裏手の公園を含めすべてが東別院の境内地で、北側の長栄寺《ちょうえいじ》との間に「御先手《おさきて》同心《どうしん》」の組屋敷があった。その組屋敷の一角に「前津の新屋敷」と称する場所があり、山田秋衛《しゅうえい》氏は、「新屋敷は古来御試《おため》し場として知られていた」として、その詳細を記されている（『前津旧事誌』昭和一〇年）。

前津新屋敷の御試し場（アミカケは当時の区画）

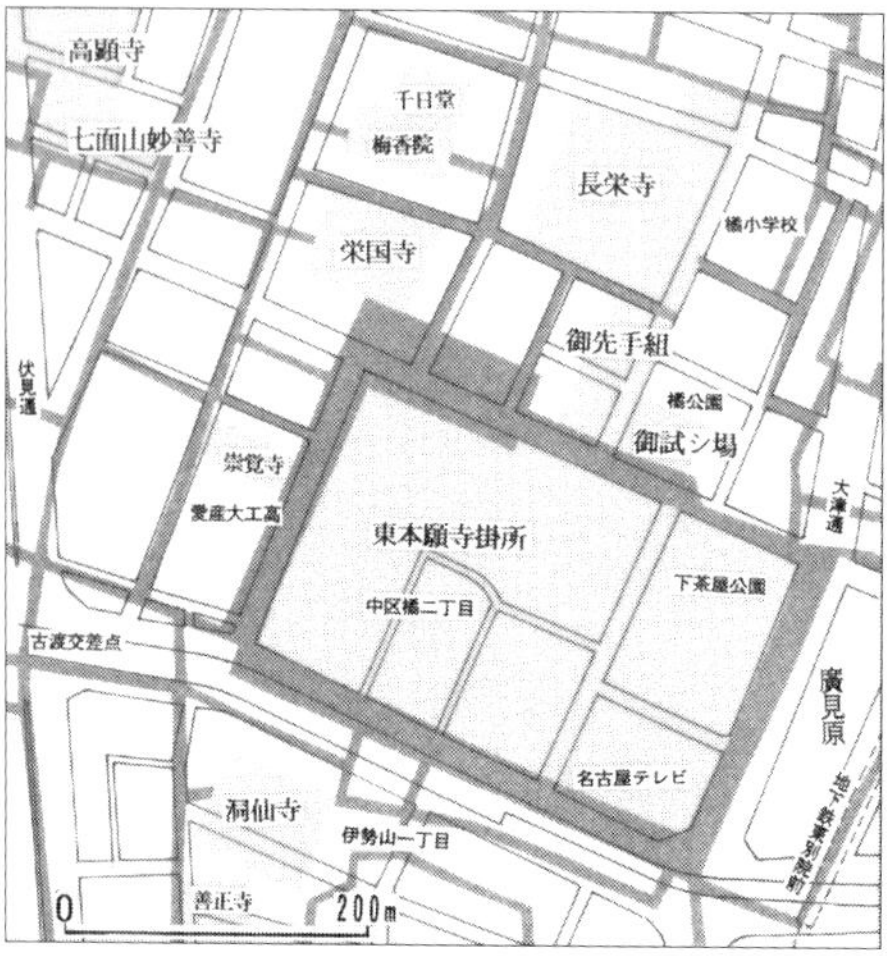

御試し場とは、新刀の切れ味を試すため「刑死者の屍《しかばね》」をもらい受けて試し斬りする場所で、朝日文左衛門もかつて試し斬りを経験している（「はじめに」参照）。

○十二月十四日　今朝五つ過ぎに、余、師《し》猪飼忠蔵・同忠四郎に随いて、星野勘左衛門下屋敷にて様《ため》し物を見物す。四つ時分に行き、日暮れ前に帰る。空腹少し難義す。相弟子、行く人数（以下一七名略）。様し物胴三つ（これは昨日まで広小路にさらされし惣七・新六・三郎左衛門なり。首は獄門にかかる。もっとも首打ちて来る）。御道具、御長刀六振り、内三振り、浅井孫四郎（御馬廻り）一の胴を切り三つの内、一つかかる。これ惣七が胴なり。……余も股の肉を切り落とす。
○同日、渡辺平兵衛・大久保惣右衛門所へ夕飯振る舞いに行く。酒三返の内、手ふるいて気色悪しき故、次の間へ行き休息し、八尾賢淑来たり脈を診し寒気に痛むかと。先に宿へ帰りはべるに、舌強りて物言い定かならず。ほとんど中症に似る。
（元禄五・一二・一四）

元禄五年一二月一四日は、西暦年の一六九三年一月一九日。朝の八時半ころ文左衛門は猪飼（谷）忠蔵・忠（只）四郎父子に伴われ、星野勘左衛門の下屋敷へ様《ため》し物の見学に出かけた。日記に猪飼とあるが、猪谷《いがや》が正しい。先祖は武州猪谷の出身で松平忠吉の武州忍《おし》時代召出《めしだ》され、その後義直に仕えた。「金瘡医《きんそうい》（外科医）と為し、別に二百石代を賜う」（『士林泝洄』）とあり、刀傷の治療に長《た》けていたらしい。外科医は長男が継ぎ、弟の忠蔵（之和）は浦連也《うられんや》（柳生厳包《としかね》）に柳生流兵法を学んだが、のち円明流（宮本武蔵創始の流派）を学び、さらに抜刀《ばっとう》術を取り入れて猪谷流を興した。息子の只四郎（和充）は藩の剣術師に任じられ一七歳で教授、六一歳にいたるまで一度も敗れたことがないといわれる剣の名人（『名古屋市史』人物編二）。この父子のもとに文左衛門は入門し、何故か只四郎とは親友の付き合いになった。

錦通（ヨコ）と武平通（タテ）の交差点南西角の栄ビルが星野邸跡

通し矢の行われた三十三間堂外廊下

○十四日　猪飼忠四郎に居物《すえもの》および俰《やわら》（柔）の弟子に成る。未《ひつじ》の下刻《げこく》に行き、誓紙両通をす。この時一緒になるもの、田村新八・石川三四郎・山内平太夫・加藤伴六。（元禄五・一〇・一四）

入門してちょうど二カ月後、実地見学が行われたことになる。場所は星野勘左衛門の下屋敷で、長栄寺近くの新屋敷ではなかった。正徳の城下図では武平町に星野の名が見られるが、下屋敷かどうかわからない。星野は全国区の名士である。寛文二年（一六六二）五月二八日、京都蓮華王院の三十三間堂（外廊下、長さ約一二〇メートル）で六六六六本の通し矢に成功し（総矢数一万二十五本）、五〇〇石のお弓頭に任じられた。寛文八年、ライバルである紀州藩の葛西園右衛門が七〇七七本を記録すると、翌年すぐに八〇〇〇本（総矢数一万五四二本）を通し、天下一を奪い返した。これにより三〇〇石を加増、黒門頭《くろもんがしら》に任じられた。「剣の連也、弓の勘左」と並び称される存在である。いま三十三間堂へ行くと、八〇〇〇本成就したときの奉納額が廊下の上に懸かっている。

　この星野の屋敷に着いたのが一〇時頃で、帰宅したのは日暮れ前（午後五時前）、ずいぶん熱心に見学したわけだが、二〇人近くの弟子たちが見守るなか試された新刀は六振りで、試し斬りされる胴三つ（三つ重ね）は、先日広小路の牢屋敷の前に晒されていた三人である。物見高い文左衛門のこと、すでに三日前この「晒し」を見物し、克明に書きとめている。

○十二月十一日　同日広小路に博奕《ばくち》打ち三人、篭屋《ろうや》の前にさらさる。押萩村《おしはぎむら》惣七（大男なり）、
　江吉良村《えぎらむら》三郎左衛門、山崎《やまざき》村新六。（元禄五・一二・一一）

押萩村は押萩新田村のこと、いま弥富市善太川《やとみしぜんたがわ》右岸の河口近くに上《かみ》・下押萩《しもおしはぎ》の字《あざ》が残る。江吉良《えぎら》村はいまの岐阜県羽島市江吉良町で、羽島市役所がある竹鼻《たけはな》町のすぐ南に位置する。山崎村はひとつは現南区呼続《よびつぎ》あたりにあったが、押萩や江吉良とくればおそらく現稲沢市の祖父江町山崎《そぶえちょうやまざき》を指すのだろう。いずれも名古屋西部近郊の出身で、惣七というのが親分格だったらしい。

○余、巳《み》の剋《こく》、山口善六を同道して広小路に行き見物す。見物群れをなす。柱を三本立て一人ずつ縛りつけ、下に莚《むしろ》を敷き、西向きにし、紙のぼりをささせ、村と名を書きつく。廻りに竹垣を結《ゆ》いて、この者替るがわる番を勤める。南方に番所出来、突く棒・刺股《さすまた》立ち並べ、町奉行の足軽八、九人並びいる。側に高札あり。押萩村惣七・江吉良村三郎左衛門・山崎村新六、去る冬古渡村にて大勢を催し、博奕《ばくち》の頭取《とうどり》いたし候ゆえ、此のごとく晒し斬罪《ざんざい》に行うものなり。

城下の町割りが整ったころ、お城南堀端《ほりばた》の外堀《そとぼり》通から京町《きょうまち》通、魚ノ棚《うおのたな》通、杉ノ町《すぎのまち》通、桜通、伝馬町《てんまちょう》通、袋町《ふくろまち》通、本重町《もとしげちょう》通、錦《にしき》通と南へ下り、最後の東西筋に溝を設けたことから「堀切筋《ほりきりすじ》」と呼ばれていた。ところが万治三年（一六六〇）正月一四日、外堀通（片端通《かたはどおり》）と伏見町が交わる辺りの屋敷から出火、折からの北風に煽られおよそ町の半分が焼失した。左義長《さぎちょう》の火が原因の「万治の大火」である（以後市中の左義長禁止）。町の再建にあたって「堀切筋」の長者町と久屋町の間は「火除け地」として幅一五間（二七メートル）に拡張され、「広小路」と呼ぶようになった。長者町以西は拡幅されず「堀切通」のまま残ったが、明治一九年（一八八六）の笹島停車場開設にともない、長者町から笹島までが拡幅され、駅前を玄関口とする名古屋のメインストリートになった。

当時の広小路の混雑ぶりが『尾張名所図会』に描かれている。本町通との交差点を北西方向から俯瞰《ふかん》しており、長者町通との交差点から道幅が急に狭まっていることや、天保ころの堀切り溝の様子などがわかる。左上に「住吉町」とあり、本町通との間につづく白壁はおそらく「牢屋敷」であろう。屋敷の門から通りへ出たところに竹垣で四角く囲った場所があり、晒し場ではないかと勝手に想像している。牢屋敷から本町通を挟んで西側が「柳薬師《やなぎやくし》」、当時の人気スポットである。絵は小田切春江《おだぎりしゅんこう》だが、それにしても千人以上を描く根気の良さに恐れ入る。

文左衛門たちはこの広小路牢屋敷前へ、博奕《ばくち》打ちの晒しを見に行ったのである。奉行所の足軽た

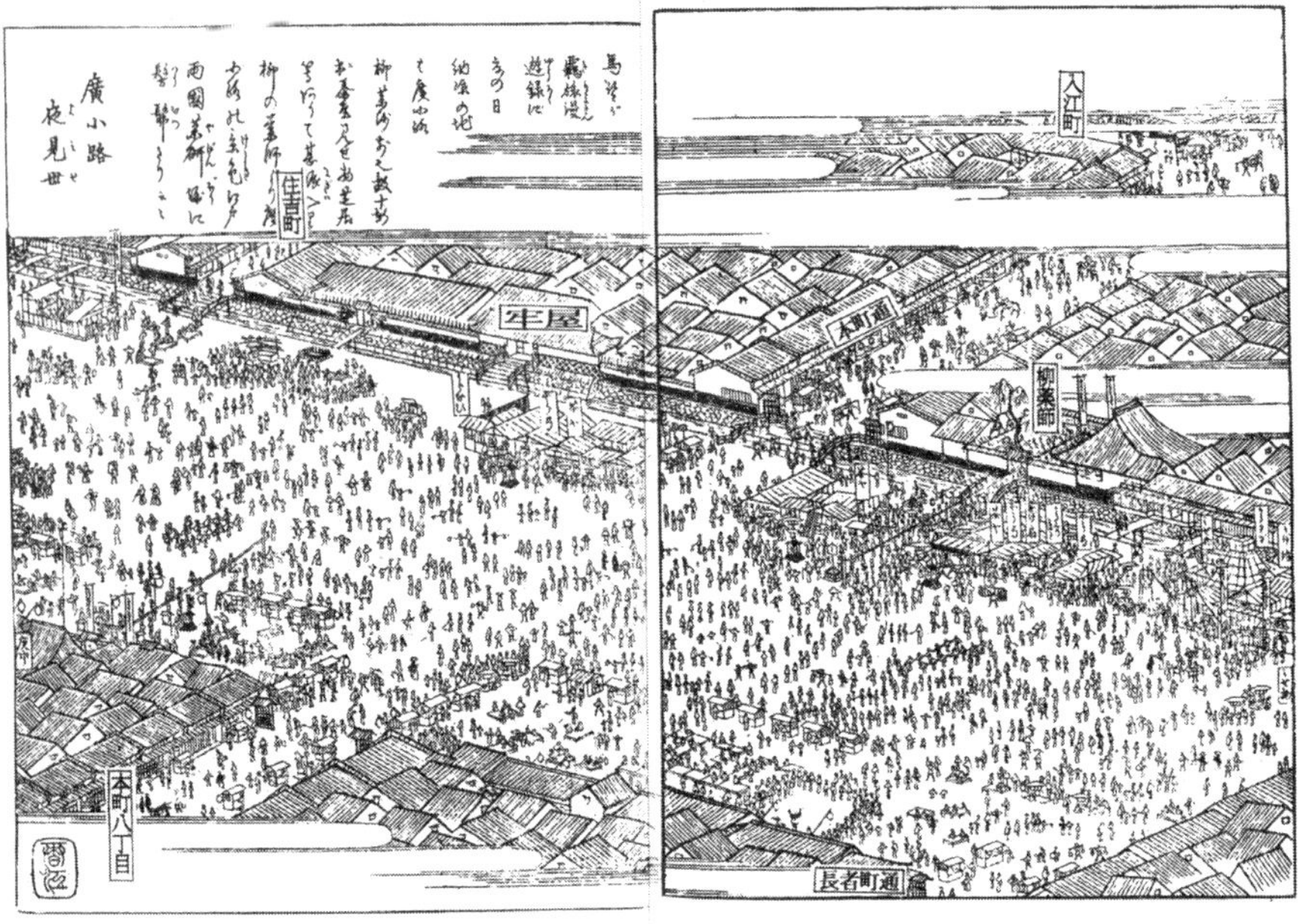

広小路（『尾張名所図会』）

ちが厳重に警戒しており、傍らの高札に悪行《あくぎょう》の数々が記されていたが、文左衛門の仕入れた情報はそれ以上に詳しい。

○説に、頭取《とうどり》皆似せ金をつかい、博奕の時、負ければ似せ金をつかわし、勝つ時は能《よ》き金を取るゆえ、罪重しと。

○去る冬、古渡村にて博奕の最中、捕り手のもの十二三人来たり、六十人余りの者をとらまえんとす。殊に滝か花の大博奕打、江戸源五と云う者、大力なるゆえ四、五人かかりけれども、弓手妻手《ゆんでめて》へ蹴倒し、静かに金を仕廻《しま》い、賽《さい》まで懐へ入れて迯《に》げ去る。惣七も大力ゆえ三人ほどかかり、憂いことに逢い（辛うじて）生け捕る。六十人の者ども心を合わせたらば、捕り手の者をば微塵にもすべけれども、悪性所へ集まる皆腰抜けなりければ、周章彷徨《しゅうしょうほうこう》、金銀取り散らし迯《に》げ去りぬ。新六は平岩四郎兵衛百姓にて、山崎村の紺屋な

り。この砌《みぎり》井戸へ落ち、一日ありしと。（元禄五・一二・一一）

古渡村の博奕場が手入れを受けた「去る冬」は、一年前の十二月「古渡にて博奕うちを十一人捕《と》り搦《から》める」の記事に合致する。元禄四年の暮れに手入れがあって六〇人のうち一一人が捕まり、うち三人が翌年の暮れに晒《さら》された。その三日後に処刑された死体が、星野勘左衛門の屋敷に運ばれて、居合《いあい》（新刀試し切）の用に供されたことになる。残酷な話だが、江戸時代はまだ戦国の血が流れている。

文中の弓手《ゆんで》は「ゆみて」で弓を持つ方の左手のこと、妻手《めて》は「馬手」が本当で、馬の手綱《たづな》を持つ方の右手のこと、ここでは「左へ右へ（蹴倒した）」の意味になる。最後に「静かに金を仕舞い、賽《さい》を懐に入れて立ち去る」などは、まるで映画の一シーンのようである。百姓の新六は隠れるつもりで井戸に落ち、一日たって拾い上げられた。

さて居合の実地では、浅井孫四郎が大刀六振りのうち三振りを、三つ胴の重ね切りで試した。師匠の勧めがあったのか、入門二カ月の文左衛門も試してみることになり、どうした拍子か股《もも》を切り落とせた。いい気になってその晩友人宅へお呼ばれし、まず一献と盃を傾けたのはよいが、目の前の肴を見たとたん急に気持ちが悪くなり、手は震え顔は真っ青、慌てて次の間へ寝かされ医者の八尾《やお》賢淑を呼ぶ始末。まるで中風のようだったらしい。これによほど懲りたとみえ、二度と「試し」はしなかった。

だいぶ話は逸れたが、本来の御試し場「新屋敷」へもどる。

山田秋衛氏はこの新屋敷を単なる御試し場ではなく、「文政以後、尾張における人体解剖発祥の地」として紹介している（『前津旧事誌』）。前野良沢や杉田玄白が千住小塚原《せんじゅこづかはら》で死刑囚の腑分《ふわ》けを実見し、『解体新書』の翻訳をはじめたのが明和八年（一七七一）、それからちょうど五〇年後の文政四年（一八二一）に、尾張藩の奥医師石黒正敏《まさとし》（済庵、富春堂とも）が、この新屋敷御試《おため》し場で罪人の屍体を解剖した。門人の山口玄瑞ほか二名を助手とし、さらに藩へ願い出た六三人が見学を許された。石黒は本草学にも詳しく、著名な水谷豊文《ほうぶん》（一七七九～一八三三、薬園奉行、本草学者）、伊藤圭介（一八〇三～一九〇一、蘭方医、植物学者、初の理学博士）らとも親交が深かった。人体解剖は近代西洋医学の基本であるが、その意味では山田氏が言われるように、前津は名古屋の「近代医学発祥の地」ということになろうか。

名古屋若宮八幡の喧嘩

もうひとつ、名古屋では有名な喧嘩を記す。少し長いが描写が的確で内容がよくわかるので全文を引用する。

○二月四日　宇津木弾右衛門《だんえもん》若宮へ操《あやつ》りを見んために行く（連れ二人、または四人）。鼠戸《ねずみど》をくぐりて芝居に座しける処に、中小性《ちゅうこしょう》らしき者三人、これも操りを見に来たり。芝居にて一人（名は分六）弾右衛門が刀の鞘《さや》をしかと踏む。弾右衛門ふりかえり見て、「これ当たりまする」というに、かの者酔興しけるにや、声をいからし、「いやこのようなる所にてはさようの事もあらん、そなた一人しての芝居か、天晴《あっぱ》れ我《わ》がままなるいう事や」と、しきりに慮外《りょがい》を吐き出しけるに、檀右衛門悪《あ》し酒狂人と思い静《しず》めしに、かの者気に乗り、声高く口拍子《くちびょうし》にかかりて罵《ののし》りて止まず。弾右衛門いまは堪えがたく、大いに腹立《はらた》たし外見すでに峙《そばだ》ち、諸人《しょじん》目を引き、あわや事いで来《き》たらんとす。しかれども檀《ママ》右衛門、所《ところ》悪しと思い、またとっくと静め、操り過ぎて皆々立ち出づるに、檀右衛門分六を尻目に付きて出る。（元禄五・二・四）

元禄五年二月四日の出来事、宇津木弾右衛門が友人と連れだち、若宮八幡の境内の芝居見物に出かけて座っていると、後から来た三人連れの中小姓のうち分六という男が、弾右衛門の刀の鞘を踏んだ。弾右衛門が振り返って注意すると、男は「混んでる場所では仕方がない、それともお前さん一人の芝居見物か、何たる我儘者」と好き勝手を喚《わめ》きはじめる。弾右衛門は悪い酔っ払いに出くわしたと思いながら、気を静めてじっと我慢、それをいいことに分六は調子に乗って喚きつづける。繰《あやつ》りが終るまで待ち、ハネたあと弾右は尻目に分六を見ながら連れだって表へ出る。

○分六もまた是非打ち果たさんとさわだつを、連れようやくすかし、是非ともあなたへ詫び言せよ、重々お手前のが悪いといえども、酔狂の気やしきりに芽《きざ》しけん。腮《あご》を撫《な》でえせ哂《わら》い、さんざんの矢数せし男、何のへちまの革、犢鼻褌《ふんどし》きんたま踏みて男なら死ぬべき首尾の男めと、遠慮会釈を打ち払い、ある事ない事ひっ付けて、小躍りして悪口す。二人の連れ詮方《せんかた》なく、檀右衛門に向《むか》いいかにも慇懃に詞《ことば》をさけ、この者甚だ沈酔して前後不覚の事なれば、先ほどよりの慮外《りょがい》枉《ま》げて広免し給えかしというに、旦右衛門も口論の仕所あしければ、いかにも沈酔と見えたり、少しも此方に意趣を挟《さしはさ》まずと、分六にかえって侘言《わびごと》するに、分六なかなか聞き入れず。命冥加尽きたりと見えて跡に随いて行く。（元禄五・二・四）

「お前を討ち果たさずに置くものか」といきり立つ分六を仲間の男が宥《なだ》めすかし、「お前が悪い、お武家さまに詫びをせよ」と口添えするが、分六は懐手に顎を撫ぜて薄ら笑いを浮かべ、なおも悪口雑言が止まらない。二人の連れは弾右に「この者泥酔して前後不覚になっています。どうか枉《ま》げてご勘弁のほど……」と繰り返し詫びる。弾右も「いかにも酔っぱらいの戯言《たわごと》ゆえ、とくに意趣はない」と折り合ってやるが、分六はまったく聞き入れず、いよいよ命冥加も尽きたと見え、弾右に絡《から》んで離れない。

○旦右衛門光明寺の内に入る。分六続いて入る。旦右衛門いまは是非なく、双の手をのばして分六を摑まえ、少しも働かせず、大小を抜き取り、これにても堪えがたきか、もし逃げ去らば命大小をばとらせんといえども、分六なおしがみつくを、横ざまに分六が刀にて払うに、刀鈍《にぶ》くしてきずつくに及ばず。地に倒れて息つくを、また振り上げて首を切るに少し輾《きし》み破れて切れず。故につづけて打ち殺し、力足を踏みて跨《またが》り立ちたり。光明寺の小僧遠くより立ちて見しが、あらけなき勢いに肝を消し、胸轟《とどろ》きて夢のごとくにして暫し歩み得ずと云々。

（按ずるに服部分六、この二月まで野崎主税の中小性なりしが暇をとりて浪牢の身なり。親は包丁人。一説にはつれ逃げたりと。分六が刀切れずして鍋弦のごとくになりしおかし。旦右衛門は御国を立ち退く）（元禄五・二・四）

弾右は若宮の北西にある光明寺境内に入る。分六も入る。もう救いようはない。弾右は分六の腕を決めて大小を取り上げ、「このまま立ち去るというなら刀も返してやろう」と最後通告したが、分六はなおもしがみ付く。もうここまでと弾右は取り上げた分六の刀を横に薙ぐ。しかし刀が鈍く、少しも切れない。倒れて息つく分六の首を斬るも皮膚が破れる程度の傷、ゆえに斬るというより、力任せに振り下ろして打ち殺す。この様子を寺の小僧が遠くから見て、肝をつぶした。殺された男は服部分六といい、もと尾張藩士野崎主税の中小姓であったが暇を取っていまは浪々の身、親は料理人だった。分六の刀は鍋弦《なべつる》のように曲がり、弾右は尾張国を立ち退いた。

以上の臨場感溢《あふ》れる記述は、よほど近くで目撃していたか、詳細な記録を見ないと書けない。尾張藩残酷物語とも評される『紅葉《もみじ》集』（年代、作者不詳）の元禄五年二月六日条は、同じ事件を次のように記している。

○若宮芝居にて口論、それより光明寺門前へ連れ行き切り殺す。弾右衛門立ち退く。中小姓同道一人これあり、逃げ候由《よし》。弾右衛門は差し矢達者に射候ゆえ、信州松本城主水野出羽守殿へ出仕。森又蔵と申し候。（元禄五・二・六）

宇津木弾右衛門の経歴は「初め御弓矢、貞享元年十一月廿一日御改易《ごかいえき》、元禄元年御国安堵《あんど》、当浪人、兄八左衛門は山城守同心」と記されている。貞享元年（一六八四）改易の経緯《いきさつ》はこうだ。

○当夏より御弓の衆に出入りこれあり。御弓の衆、手前を御前御直しにて、市辺七郎左衛門・渡辺十左衛門に仰せ付けられ、御直しの稽古仕《つかまつ》り候《そうろう》や見るべしと云々。御弓の衆いう、敬公御時より御弓の者の手前を奉行衆見申され候事これなく、いろいろ揉めありて、承引の輩も出来候えども、瀬尾仙右衛門・宇津木弾右衛門・垪和《はがい》藤八・曲淵《まがりぶち》源兵衛・舎人《とねり》弥之右衛門・野村伴左衛門・小山藤蔵不承引なり。十一月十五日の晩、留永甚太夫方へ七人を呼び、御用人衆出合い、この度稽古下見の儀承引なき段御為《おんため》によろしからず候。御老中も御聞き、我ら共にこの段申し候えとの事と云々。七人言う、御意に候わば畏《かしこ》み奉ると云々。同二十二日下見これあり。この時宇津木と野村と垪和、煩《わずら》いにて罷《まか》り出でず。（貞享元・一一・一五）

○垪和《はがい》藤八、志水右衛門へ御預け。野村伴左衛門・宇津木弾右衛門、十七ヶ国改易。

（貞享元・一一・二九）

今夏からお弓衆の移動があって、御前での弓術お直しを一度稽古しておいた方がよかろうというので、市辺（七郎左衛門、家督五〇〇石、新御番頭、のち鈴木家を継ぎ一〇〇〇石）・渡辺（十左衛門、三〇〇石、新御番頭、のち三〇〇石加増）両人に稽古の検分を申し付けられた。しかしお弓衆側は「義直公以来、お弓衆の稽古を奉行が検分する例はなく、承服できない」と主張、いろいろ揉めた挙句、結局は従う衆も出てきたが、瀬尾、宇津木、垪和《はがい》、曲淵、舎人、野村（伴左衛門昌好《まさよし》、元禄一三年召返され一〇口月俸）、小山ら七名は承服しない。そこで留永（冨永？）の処へ七人が呼ばれ、御用人から「これ以上意地を張るのは身のためにならない、ご老中もお聞き及びになり、きっと納得させよとの仰せである」と告げた。致し方なく七名は御意に従うと答えたが、七日後の下見の場に、宇津木、野村、垪和の三名はわずらいと称し出てこなかった。そのためさらに七日後の一一月二九日、埒和は志水家に御預け、野村、宇津木は一七ヶ国でのお抱え禁止処分が下された。

○十月　野村伴左衛門・宇津木弾右衛門、御国安堵《おくにあんど》。（貞享五・一〇月、〈九・三〇元禄改元〉）

四年後の元禄元年に宇津木は尾張藩へ立ち戻ることが許されたが、暫くは浪々の身であった。そんな時、若宮境内の芝居見物に出かけ酔った中小姓に絡《から》まれたわけで、まったくついていない。しかし絡んだ方も、相手がまさかお弓役の武芸達者とは知らず、法外な喧嘩を仕掛けたわけだ。中小姓《ちゅうごしょう》（性）というのは、小姓と徒士《かち》との中間の身分で、外出する主君のお供をしたり屋敷内では配膳役などを行う。

分六が以前仕えていた野崎家は当主が野崎主税兼洪《ちからかねひろ》（二〇〇〇石、元禄七年致仕）で、石河《いしご》、山澄《やまずみ》らとともに延宝八年（一六八〇）から元禄六年（一六九三）まで年寄（家老）職にあった。分六は暇をとったとあるが、おそらく野崎家をクビになったのだろう。少々の酒癖の悪さではない。れっきとした武士に向って「何のへちまの革、犢鼻褌《ふんどし》きんたま踏みて男なら死ぬべき首尾の男めと、遠慮会釈を打ち払い、ある事ない事ひっ付けて、小躍りして悪口す」は、やり過ぎである。逆に弾右衛門の我慢は、腕に憶えがあるから出来ることで、流石《さすが》であった。それにしても芝居好きな文左衛門の筆、このあたりの描写は、すでに芝居の台詞《せりふ》そのままである。

発端は弾右衛門の刀の鞘を分六が「シカと踏んだ」ことに始まる。「当ってますよ」と穏やかに注意したのに、いきり立った分六は「混んでるから仕方ない、ここはお前ひとりの場所か」などと悪口雑言をぶちまける。弾右衛門は場所が悪いからじっと我慢し、芝居が跳ねてから分六の先に立って小屋を出、若宮八幡の近くにある光明寺へ向かった。

当時若宮八幡の西側は、大林寺をはじめ一〇寺以上が密集する寺町だったが、今はそっくり白川公園に変わった。光明寺はその北東の端にあった浄土宗の寺で、いまは中村区の道下《みちした》町へ移った。悟真院終南山と号し、京都知恩院の末寺である。もともと中村の豊国《とよくに》通り三丁目付近にあり、応永二五年湛誉岌井《きゅうせい》の創建と伝える。のち春日井郡平田村から清洲を経て慶長年間に中区白川町三丁目に移った。最後に再び中村区へ帰ったことになる。最初の中村時代、幼少の秀吉が手習いをしたという伝えがある。この光明寺境内で、分六は宇津木弾右衛門によりとどめを刺された。

弾右衛門の兄八左衛門は「(竹腰《たけのこし》)山城守同心」とあり、同じ『紅葉集』の元禄一五年八月条には「もとは山城守同心、先年不行跡にて御改易、当時流牢《るろう》」とある。

○八左衛門近年流牢零落《るろうれいらく》につき、喜十郎(加嶋喜十郎、岐阜の町人)方へ参り、金子百両合力致し候ようにと、理不尽に申し懸け候。喜十郎は勝手へはずし、使いにて断り申し候えども、承引仕らず候うちに、奉行岩田源左衛門方へ申し遣わし候ところ、御足軽を連れ参り候いて、八左衛門勝手へ押し入り家人ども追い散らし裏へ出で候ところを、足軽どもに申しつけ、打ち殺し申し候。

どうにも憐れな最後である。喜十郎がたとえ裕福な町人だったにせよ、いきなり百両よこせと言われても困る。お勝手に隠れ、

当時の光明寺は現白川公園の北東辺りにあった

現在の中村区の光明寺

代わりの人間に断らせたのは賢明であった。家人に奉行を呼びに行かせ、結局奉行の配下に叩《たた》き殺されてしまった。

弟の弾右衛門は「稽古下見を拒否して改易（貞享元年）―尾張国在住許可（元禄元年）―喧嘩により立ち退き（元禄五年）―信州松本へお抱え（年不詳）」という変転、兄の八左衛門は「改易（年不詳）―金を強要し打殺される（元禄一五）」という結末、とにかく波乱の多い一族ではある。

朝日文左衛門の喧嘩

ところで、市井の様々な喧嘩を記録した朝日文左衛門だが、彼自身喧嘩をしたことがあるのだろうか。日記を書き続けた二六年間（元禄四〜享保二年）には多感な青年時代も含まれるが、驚くことに、一度もそれらしい記事がない。「書かなかっただけでは」と言われればそれまでだが、本来書かなくてよい悪所通いや博奕のことを、わざわざ謎字まで用いて記した記録魔が、自身の喧嘩だけ書かなかったとは思われない。実は喧嘩とまではいかないが、一度だけ「賭け雙六《すごろく》」で腹を立てたことがある。

○暮れより予、鈴木平次左と只右へ行く。銭賭に双六を打つ。予、只右と「おりは」の時、只右、戯れながら無理をくどくど云う間、予怒気を発し、座を立ち、余銭を庭中に蒔き帰る。追付け只右より手紙来たり罪を謝す。予、平次左と行きて、互いに意残ることなきを云う。

（元禄八・三・二三）

文左衛門数えの二二歳のときの話。只右とあるのはおそらく川澄只右衛門廉忠《かねただ》のことだろう。彼の名が最初に見えるのは朝倉忠兵衛屋敷で弓を習う場面、各六本ずつ射て「文左衛門は二本当たり、川澄只右衛門はゼロだった」（元禄五・一二・一八）とある。次は小出晦哲《かいてつ》宅で年初の漢詩を作るとき、文左衛門は「梅辺聞鶯」、只右は「春曙」のお題をもらった（元禄六・一・一七）。次は藩士の石高を書き留めた個所で「川澄只右衛門百五十石」（元禄六・五・二九）とある。その半年後「文左衛門が川澄只右の家を訪れ、夜九つ（一二時頃）まで話し込んだ」（元禄六・一一・一二）とあり、最後に松井十兵衛の内儀が亡くなった個所で、「予、独りけろりとしても居れず、川澄只右の処へ行き、日暮前に十兵衛の処へ行く」（元禄七・九・四）と記載されている。川澄只右は『日記』の最初の項に多く登場する。習い事の仲間で「賭け」に誘われることもあったのだろう。

『士林泝洄』（八〇）によると、川澄家の先祖は三河時代の松平家に仕えた譜代、六代の正吉《まさよし》が光友公から加増をうけ七〇〇石で御国奉行に就任している。正吉の次男正矩《まさのり》は寛文二年に二〇〇石で成瀬正親の同心となり、元禄元年には鉄砲頭に任じられたがのち藩士に殺されたとある。その正矩の次男が川澄只右で、元禄六年に一五〇石で成瀬隼人正の同心に採用された。

「鈴木平次左」は、鈴木平治左衛門重時のこと。『士林泝洄』（一一四）によると父（平次右衛門重近）は熊野の郷士の息子で、貞享三年に成瀬隼人正の犬山城番に召抱えられ、元禄元年に二〇〇石同心になった、とある。元禄七年に没し、跡を重時が継いで、享保元年には明知奉行になった。先祖がはっきりせず、父の代に突然成瀬氏に採用されているのが不自然で、重時の妹（重近の娘）が「三代藩主綱誠《つななり》の上﨟《じょうろう》」とあり、その伝手《つて》による採用を伺わせる。川澄只右と鈴木平治左は、同じ成瀬氏の同心つながりである。

さて問題の文左衛門を怒らせた場面だが、すごろくの「おりは」をやっていた時とある。

すごろくは「雙六」とも「双六」とも表記するが、盤上遊技史に詳しい増川宏一氏は、両者は混用されているが、「盤すごろく」を「雙六」、「絵すごろく」を「双六」と表記することが多いという（『すごろく』法政大学出版局）。

盤雙六は各側に「地」と呼ぶ「一二本の長形マス目」が並び、間に仕切りの空間がある。対局者は二個のサイコロを振って、白黒各一五個のコマを動かして、早くゴールした方が勝ちとする単純なゲームで、古代メソポタミアにもエジプトにもあったし、ローマ時代のそれは今の盤に近かったという。我が国でも『日本書紀』の持統朝に「雙六禁断」の記事が見られる。以後も時の為政者から「雙六賭博」の禁止は繰り返し出されていて、雙六は賭博の代名詞でもあった。サイコロを振ること自体、賭博性がある。しかし数多い禁止令は逆に言えば賭け雙六の広がりを示す史料でもある。『鳥獣戯画』にも盤を担いで走る猿が描かれ、美女を賭けた「長谷雄と鬼の朱雀門楼上での勝負」（『長谷雄雙紙』）は、有名である。

雙六の競技法は、柳（一五個の白黒コマを右端から左端へ移動）、追廻し（望みの目が出たとき、相手陣へコマを移す）、本雙六（相手陣に置いた自分の石を自陣へ移動）、大和（自陣内へ運び終わったのち、サイコロ目と同じにマス目の石を取り除く）、下り端（折葉・折端とも。サイコロ目に従い、各マスに二、二、二、三、三、三個の石を置き、次にサイコロ目に従い石を取る。味方の石がなくなったあと、相手方の石を取り、相手石を多く取った方が勝ち）の五種で、文左衛門たちが勝負していたのは、最後の「下り端」である。賭け事だから次第に熱くなる。ルールを記した書には「やってはならない事」として「相手のやり方にケチをつける事」「相手が悪目を出したとき囃したてる事」などを定めている。「只右が、戯れながらくどくど言った」ため、怒った文左衛門は手元に置いた賭け銭を鷲掴みに庭へバラ蒔き、席を蹴って帰って来たのである。普段温厚な文左衛門の怒りに、只右もさぞ驚いたろう。鈴木左次平も「お前が悪い、ちゃんと謝った方がよい」と意見し、只右は謝罪の手紙を寄越した。そのあと鈴木を立会人として双方遺恨の無いことを誓った。変にもつれて賭け事が公になっては困る。

翌年藩から賭け事の停止令が出て暫く遠ざかっていたが、元禄一一年頃から再び謎字で「賭け事」らしい記事が見え、同一四年には「世上博奕おびただしく流行す。加藤平左衛門も多く勝つ」とあり、彼の向かいの住人で親友の加藤平左が、仲間内では名人級だったらしい。翌年一一月に、

〇廿五日戌刻、松井十兵衛双六を打ちながら倒れ、中風《ちゅうふう》再発。須臾《しゅゆ》物言うを聞かず。漸々《ようよう》に無言。汗出吐し鼾睡《かんすい》し、性なし。（元禄一五・一一・二五）

とあり、三日後に「十兵衛死す。六七」と記される。確かに頭に血がのぼるから、時に命取りにもなる。この年以後、賭け雙六の記事は姿を消す。

※松井十兵衛は『士林泝洄』続編に「はじめ成瀬、のちに山澄淡路守の同心、元禄三年に御馬廻」とあり、没年の月日が同じなので間違いないと思われる。

第三章　オオカミが出た

オオカミ出現の前夜

五代将軍綱吉は一人息子に死なれたのち、跡継ぎに恵まれなかった。母桂昌院の信頼する真言僧隆光《りゅうこう》（一六四九～一七二四、新義真言宗大僧正）が「子供が出来ないのは前世の殺生の報い、欲しければ生類《しょうるい》を憐れみ、将軍の干支《えと》である戌《いぬ》を特に大切にするよう」進言した。これが「生類憐み令」が出された理由であると『三王外記《さんのうがいき》』は記している。綱吉、家宣、家継三代の治世について記した史書だが、興味本位の俗説も多いとされる。これを『徳川幕府時代史』（池田晃淵　一九〇七年）や『近世日本国民史』（徳富蘇峰　一九二五年）が採用して以来広く流布し、高校日本史の教科書まで影響された。

※『三王外記』著者、成立年とも不詳だが、呼称などの用例から太宰春台著とする説がある。

この説を採る書は、貞享四年（一六八七）正月の「病気になった生類、遺棄の禁止」を生類憐み令の最初とするが、もっと早く貞享元年の「巣鷹《すだか》（狩猟用の鷹のヒナ）献上の停止」を最初の法令とする見解もある（根崎光男『生類憐みの世界』）。貞享元年といえば綱吉の一人息子徳松が亡くなった翌年で、世継ぎの死が法令のきっかけとなった可能性はある。たしかに綱吉治世のはじめの頃は、「鷹狩り停止」や「鷹匠廃止」の記事が目に付く。以下朝日文左衛門の日記『鸚鵡籠中記』から、関連する記事を拾ってみよう。

〇頃日、江戸へ下る御鷹師《たかし》衆、筥根《はこね》まで着くのとき、早飛脚来て、江戸にて御鷹お遣いなされざる間、これより帰り登るべしと。公方綱吉公、御鷹みな御放しなさる。柴野そのほか所々。

（元禄六・九・二七）

江戸に向かっていた尾張徳川家の鷹師たちが箱根まで来たとき、「将軍への鷹献上停止《ちょうじ》」を聞き、引き返したという記事である。綱吉公が所有の鷹を「柴野」に放ったとある。京都大徳寺付近の柴野だろうか。将軍が鷹を解き放つとあって、御三家筆頭の殿さまも知らぬ顔は出来ない。

○光友公、御鷹、みな定光寺《じょうこうじ》に御放ち。（元禄六・一〇・二三）

○此の月、両公の御鷹を水野山または国境に御放ち。（元禄六・一〇）

※「放鷹《ほうよう》」は「鷹狩り」を指し、「放鳥《ほうちょう》」とは意味が異なる。

二代藩主光友は半年前に綱誠《つななり》に家督を譲っており、新藩主も同じように鷹の解き放ちを行った。水野山は水野権兵衛が管理する「水野村周辺の山」を指すのだろう。ここから北へ山道（殿様街道）を一里ほど進むと、義直公の廟所がある定光寺へいたる。定光寺の北は、もう美濃国（現岐阜県多治見市）との国境《くにざかい》である。

○御鷹匠《おんたかじょう》みな本役を改められる。或いは新番五十人、御馬廻になり、同心鷹匠三十五人お暇出る。ただし身代有りつくまで三人扶持《ぶち》ずつ下さる。（元禄六・一一・一〇）

○御鷹師五人、大殿様五十人組に成る仰せに、若《も》し鷹御数寄なられ候ことも有るべき御座候の間、鷹のこと忘るべからざるの由。（元禄六・一一・二四）

鷹を解き放てば鷹匠たちの仕事はなくなる。そこで五十人組（小十人組とも、藩主の側にあって雑用・護衛）や御馬廻《おうままわり》（藩主直属の番士で乗馬の許される上士）に役替され、中に解任された者もいた。ただし次の仕事が見つかるまで、失業手当として三人扶持（一人扶持は一日玄米五合の割、年間で一石八斗になる）が支給され、また大殿様（光友公）からは、「やがて元に復するだろうから、鷹の事を忘れぬように」との仰せがあったという。こうした措置に連動する形で不思議な「お触れ」が出され、尾張藩士の朝日文左衛門たちはかえって鳥肉が手に入り易くなった。

○先頃より堤の外《そと》、運上《うんじょう》になり、鳥を取る。この故に鴈《がん》・鴨《かも》、下値《げじき》（安値）といえども大違いなし。ただし、もとにて買わば下値なりと。（元禄六・一一・一三）

「堤の外運上」とは「村々の百姓が運上（税）を出し、禁漁区外で鳥を取ることを認めた」お触れで、郡奉行《こおり》が一〇日ほど前に出したという（塚本学『摘録鸚鵡籠中記』）。このお蔭で元値は以前より安くなり、文左衛門たちは喜んでいる。「幕府の手前藩主の鷹狩りは止めておくが、民間の捕獲は構わない」という趣旨で、藩としての意地もあったのだろう。ただし役人が勝手に判断出来るわけはなく、まず殿（綱誠）の意向を伺い、殿は大殿（光友）に相談し、大殿は苦々しげに「まあ、適当にしておけ」とでも言ったのだろう。光友の幕府に対する反骨ぶりは、家督を譲ったとはいえ健在である。

〇廿三日、触状来る。

覚

諸士のうち居屋敷《いやしき》にて鳥殺生致し　商売仕《つかまつ》り候者の方へ

売払い申者《もうすもの》も之《これ》有る様に相聞き　宜しからざる所為《しょい》（振舞い）に思召《おぼしめ》し候

向後右の族《やから》これ有り　お耳に達し候わば　仰せつけらるの科《とが》これ有るべくの条

堅く相慎むべきの由思召され候　その旨を存ずべく候　以上　（元禄一〇・一二・二三）

〇三日、御ゑさし（餌差し）頭《かしら》山本作内・鈴木彦右衛門を小普請と為す。御ゑさしの者共、移し役というになる（鳥を取り移す役なり）。是は殺生ご法度になるゆえ也。（宝永五・四・三）

〇十三日、鳥殺生停止の廻文あり。（宝永五・四・一三）

はじめの触れ状は「屋敷の庭先にやって来る鳥を捕え業者に売る藩士がいると聞く。今後は慎むよう」との内容だが、緊迫感は感じられない。それから一一年後漸《よう》く「殺生ご法度」になり、餌差《えさし》職《しょく》が廃された。つまり藩主が鷹狩りを自粛した元禄六年（一六九三）から一五年間、鳥の捕獲が認められていたわけで、しかも漸《よう》く禁止した年の翌年（一七〇九）には綱吉が亡くなり、すべて元通りになった。尾張藩では鳥の捕獲で罰された人は、ほとんどいなかった筈である。

以上は鳥の話。では将軍の綽名にまでなった「お犬さま」の方はどうか。

お犬さま

こちらは貞享二年（一六八五）の「今後、将軍御成りの道筋に犬や猫が出ていても構わない」という町触れが最初で、翌年に「大八車などで犬を轢かないように」と追加され、さらに翌貞享四年には「犬の登録」を指示、「犬・猫の死体を丁寧に埋葬するよう」命じた。つづく元禄期に入ると「犬に芸を仕込むことの禁止」「町内の犬の戸籍調べ」「噛みつく犬は繋いでおけ」につづき、「咬み合いをしている犬は水で分けよ」というので町内に犬分け水の桶を置くところもあり、さらに「喧嘩で傷ついた犬は医者に診せて治療せよ」等々、きめ細かなお触れが出されるようになって、人々の反発も次第に増していった。そうした中『鸚鵡籠中記』は次のような事件を記す。

○頃日、江戸千住《せんじゅ》街道に犬二疋を磔《はりつ》け置く。札に「此犬、公方の威を仮り、諸人を悩ますによって此の如く行うもの也」。又は浅草の辺に狗《いぬ》の首を切り台に載せ置く。御僉議《ごせんぎ》のために黄金二十枚かかる。（元禄八・二・一〇）

付札《つけふだ》の文言から犯人の意図は明瞭である。今の時代にも時折似たような事件があって、薄気味悪さや後味の悪さを感じるが、この場合はひそかに溜飲を下げた人もいたろう。幕府は犯人探しに躍起となり、「訴人に二〇〇両の小判を出す」と触れた。ざっと三〇〇〇万円の賞金に目が眩んだのか、ついに訴人が出た。

○この春、犬を磔にしたる者、御旗本衆の二番子なり。然《しか》るを僕《しもべ》訴人す。主人は切腹仰せつけらる。僕には御定めの如く黄金二十枚、六間口の角屋敷下されしが、ひと月ばかりありて召し出され、僕、御成敗仰せつけらる（あるいは磔とも）。七、八月の頃の事という。（元禄八・一〇・一九）

最終的に訴人の下男も処刑された。調べが進み、彼も一味であることが判明したとも言うが、果たしてどうだろう。民衆の感情が収まらなかったためではないか。しかしこのような厳しい処罰が下されても、犬殺しはなかなか無くならない。そこで幕府も野犬対策をとるようになる。隔離するための広大な犬小屋づくりである。

○頃日、江戸中野という所に犬屋敷夥《おびただ》しくでき、毎日二万人ずつの日用《にちよう》（日雇い）入る由。これにより駄賃馬払底《ふってい》、値段も高く、銭、両につき四貫三百四、五十ずつ。（元禄八・一〇・一九）

○中野犬小屋へ毎日五十・三十宛て犬を入れしむ。犬の食一日に五十俵ずつ喰う。（元禄九・六・一二）

元禄八年に江戸の中野で犬小屋づくりがはじまったが、これに先行して東大久保（二万五千坪）と四谷（約二万坪）に犬小屋が作られ、野犬の収容が行われている。しかしとても収容しきれず、中野に一〇万坪をこえる犬小屋が建設され、毎年増設されて元禄一〇年には計二九万坪になったという（この間、四谷の犬小屋は取り壊された）。その工事中のこと、毎日日雇い人夫が二万人も動員され、荷役馬が足りなくなり、日銭支払いのため銭が不足し、金貨との交換相場が上がったという（相場一般は四～五貫文）。

犬小屋の場所は現在のJR中央線の中野駅から西にかけての一帯で、およそ東京ドーム一八個分、そこに一〇万匹の犬が収容された。文左衛門は「一日の食費五〇俵（約二〇石）」としているが、他の記録では年間一〇万両かかり、江戸の町人から徴収されたとある。一石が一両なら、犬のエサ代に毎年一五〇億円ずつ消えたことになる。こうした江戸の様子について、文左衛門は次のように非難する。

○江戸の有様戦々兢々《せんせんきょうきょう》たり。しばらく聖経賢伝に御心寄せ給うといえども御行跡驚奇《きょうき》にして、人意の外に出ること多し。決雲児（タカ）をして一羽も残らず霄漢《しょうかん》（おおぞら）に放たしめ、孝《こう》烏《う》の反哺《はんぽ》の徳（カラスの子が老いた親に口移しに餌を与える）を慕い給うにや、五穀を撒きて餌と定め、また二、三羽ずつ籠に入れ、絹の覆いをかけて、毎日ひかみの御殿に遣わし、これを飼うに鰍《しゅう》鮠《がい》（ドジョウとハヤ）を以てし、江戸中の者狗《いぬ》を尊ぶことは、頃日の事にあらず。ややもすれば殺生を禁断せん事を思い、北見若狭守をして御名代に常に精進を致さしめ、博愛仁に偏し、昆虫に及び、卒亡忽退黎民を振るう。（元禄六・一〇・二一）

文左衛門は天野信景《さだかげ》らと交わりのある所為《せい》か、ときおり難解な語を用いる。適当に拾い読みすれば「儒教に嵌《は》まった将軍が動物に仁愛を施すのは結構だが、その陰で江戸庶民は皆泣かされている」といった意味、「タカや犬、果ては昆虫にまで仁愛を施すのだが、肝心の人間に対しては如何だ」と憤っている。何百里と離れた蔭口とはいえ、お上《かみ》を恐れぬ立派な評である。

こうした江戸の人たちに引き比べ、文左衛門は自藩の幸せを身に沁みて感じたであろう。中野の犬小屋を『日記』に記したひと月後、昼飯どきに母の実家へ行って「鴈《がん》」を食べ、夜には友人宅へ出かけて「雉《きじ》と鳩」を食べ（元禄八・一一・二六）、四日後には友人六人と「六四文ずつ出して鴨二羽を買い食した」とある。江戸なら二、三回腹を切っている。

犬将軍と綽名された将軍綱吉は、宝永六年（一七〇九）の正月一〇日に六四歳で没した。いまわの際に枕元へ柳沢吉保や老臣を呼び、「生類憐み令に対したとえ僻事《ひがごと》との批判があっても、死後百年はこのまま続けよ」と遺言するが、後継将軍の家宣《いえのぶ》は「遺命ではあるが、この法令があっては民が救われない」と破棄を宣言、没後十日たって生類憐愍の精神だけを生かした新しいお触れが出されたのである（『徳川実紀』）。

綱吉が亡くなった年、尾張ではオオカミが暴れまわった。まるで自分たちを守ってくれた綱吉を、追悼するかのごとくである。

暴れまわるオオカミたち

かつて本州、四国、九州に生息したニホンオオカミは、明治三八年（一九〇五）奈良県南部の鷲家口《わしかくち》（吉野郡東吉野村小川）で仕留められた若い雄を最後に、ふっつりと姿を消す。時を置かず、絶滅したのであろう。それより二〇〇年ほど前の宝永六、七年（一七〇九・一〇）、オオカミは名古屋郊外の農村部を暴れまわっていた。ちょうど綱吉公が亡くなった頃の話である。

○頃日、多（田）楽・篠木辺にて狼出でて児女等を喰い殺す事、甚だ多し。味鏡（鋺）にても十四になる男子喰わると閭巷の談を聞く。往来この沙汰にて戸々狼の咄《はな》し流行す。そのはじめ狼の子を執《とら》え殺したるにより、荒れると云々。（宝永六・四・一）

このごろ春日井郡の田楽《たらが》や篠木《しのぎ》や味鋺《あじま》でしきりにオオカミが出没して子供を襲い、閭巷《ろこう》（むらざと）ではこの話でもちきりである。はじめ誰かがオオカミの子を殺したのが荒れる原因らしい、とある。

宝永六年（一七〇九）四月一日は、新暦の五月十日にあたり、いまならゴールデン・ウイークが明けたころのパニックだ。

田楽《たらが》は現在の春日井市北西部にあって、小牧市に近い。後者の篠木は、春日井市の中心鳥居松の東に隣接する地区。つづく味鋺は庄内川の北岸、いまの名古屋市北区 楠味鋺《くすのきあじま》を中心とする区域で、春日井市の西南端に接する。田楽や篠木は背後に篠岡《しのおか》や下原《しもはら》、上野《うえの》の丘陵地、大山《おおやま》、明知《あけち》、内津《うつつ》、細野《ほその》の山地が控えており、オオカミがエサを求めて下りてきたのはわかるが、名古屋城下に近い味鋺にまで現われたとは、いささか驚きである。つづく三日後の記事……。

○郭公《かっこう》、鳴く。○頃日《けいじつ》、狼多く出づるにより、水野権平に命じ鉄砲にて撃たしむ。今日二ノ宮山より追い出し楽田《がくでん》山にて一疋打ち留む。久野半介という御足軽打ち留む。但し玉二ツにて留む。狼、手むかい仕り候につき打ち留むと申し上ぐるなり。（兼ねて狼、人を喰いてむかい仕り候わば、打ち

留めよとの事ゆえなり）（宝永六・四・四）
オオカミの被害が相次ぐので、藩主の狩りのご案内を務める水野権平に、鉄砲の使用を許可した。権平は部下とともに尾張本宮山《ほんぐうさん》（二九三メートル）から追い出しにかかり、楽田山《がくでんやま》で一頭を仕留めた。撃ったのは足軽の久野半介という男、向かってきたオオカミを玉二つで仕留めた、とある。

尾張二ノ宮とは犬山市南部の大縣《おおあがた》神社のこと、尾張一ノ宮の真清田《ますみた》神社は一宮市のシンボルとしてよく知られているが、大縣神社の別称二ノ宮はあまり聞かなくなった。大縣大神（大荒田命とも）を祀り本宮山の西麓にある。山頂には同社の奥ノ宮があって、同じ大縣大神の荒ぶる魂を祀っているという（『式内社調査報告』）。初期ヤマト王権は地方を掌握する拠点として各地に「県《あがた》」を設置したが、「ニワ県」もその一つでいまの丹羽郡から犬山市域に該当する。県の管理者を「県主《あがたぬし》」といい、その先祖を祀ったのがこの大縣神社である。

「本宮山」は三河にもあり、岡崎、新城、豊川の市境に聳える標高七八九メートルの秀峰である。東麓に三河一ノ宮の砥《と》鹿《が》神社（現豊川市、合併前は宝飯郡一宮町）があり、山頂付近に砥鹿神社奥社（岩戸社）が所在する。三河の本宮山は三河国一ノ宮であり、一方尾張の本宮山は、尾張国二ノ宮である。

オオカミ退治を命じられた水野権平は、庄内川の支流水野川に沿った水野村（現瀬戸市）を在所とする由緒ある土豪で、のちに代々御《お》林《はやし》奉行をつとめた家柄だ。つまり藩直営林の支配人であり、手代、目付、同心など大勢の部下がいる。その部下たちを指揮して入《いる》鹿《か》池《いけ》南の本宮山に分け入り、オオカミを楽田山の方へ追ったというのである。楽田山がどの山を指すのかはっきりしない。本宮山尾根続きの大縣神社北西の山は、麓に楽田原《ばら》の地名が残り、一方南西のいま名古屋経済大学がある山は、尾根の南が春日井郡になる。そのどちらかだろう。

日記の最後に「オオカミが向かってきたので仕方なく仕留めた」と言いわけを付記しているのは、

綱吉が元禄年中（一六八八〜一七〇四）数回にわたって出した「オオカミ保護の御趣旨」を慮《おもんぱか》ってのことと思われる。以下、該当する法令を『徳川実紀』から引用しておく。

生類憐愍令（猪鹿狼打払）

○こたび令せらるる御旨は、猪・鹿は田畑を害し、狼は人・馬・犬等を傷損するがゆえに、猪・鹿・狼荒るる時のみ、鳥銃もて打たしむべしと令せらる。万一思い違えて仁慈の心を忘れ、故なく銃打つものあらば厳しく咎めらるべし。（元禄二・六・二八）

生類憐愍令（猪鹿狼打払）

○三十日令せらるるは、遠国にて猪・鹿・狼荒るる時は、空鳥銃もて打ち払いそれにても止まざる時は、玉込めし鳥銃にて打ち鎮め、その旨後日に記し、大目付へ出すべし。伺いて命を待つ時は、遠路速やかに事ゆかず。下民艱困すべければ、この旨遠国に封地ある輩へ諭すべし。すべて生類愛憐の事仰せ出だされしは、人々仁心に至るべきとの盛旨なれば、いよいよその旨心得るべしとなり。（元禄六・四・三〇）

生類憐愍令（野獣家畜）

○廿七日令せらるるは、熊・猪・狼のたぐい、たとえ人を毀傷《きしょう》せずとも、人家に飼い置ける馬・牛・猫・鶏などを毀傷すべきさまならば、追い払い毀傷せしむべからず。もし追い払うとき棒に当りて死すとも、そは苦しからず。犬・猫たとい鳥獣を傷め、或は己れどち咬み合うは、傷まざるように引き分くべしとなり。（元禄八・五・二七）

最初の元禄二年（一六八九）令では、猪、鹿、狼とも「荒れた時に限り」鳥銃で打ってもよいとするが、つづく箇所で（引用文には省略）では、まず「心をいれて追い払」い、それでも止まない場合には「誓状を呈し、日を限って銃を使い、結果を冊子に記して提出せよ」とある。

次の元禄六年（一六九三）令では、猪、鹿、狼が荒れたときも「実弾の使用」はダメで、まず「空砲で追い払え」とし、最後の元禄八年（一六九五）令では、「人だけでなく家畜が襲われそうな時は追い払ってよろしい」と一見理解が進んだようにみえるが、よく読むと「銃は駄目、棒で追い払え」とある。「運悪く棒が当たり獣が死んでも咎《とが》めない」と言われても、唯一棒で勝てそうだった「鹿」がいつの間にか「熊」になっていては、とても棒で立ち向かう気にならない。

この理不尽な法が廃されたのは宝永六年一月で、一方『日記』の記事は法令廃止後三カ月近く経った四月のこと、それでも「やむを得ず発砲したこと」を強調している。オオカミの射殺を公式記録にとどめるということで、よほど神経質になったのかも知れない。この記事につづき、射殺したオオカミの寸法が記載されている。

〇狼の寸法

一、惣長四尺四寸五分、うち面長さ七寸、尾の長さ一尺五分、但し鼻より尾の先まで。

一、惣高弐尺弐寸、但し足先まで。　　一、口広九寸五分。

一、四足共に爪際に水かきあり。　　一、胴廻り弐尺五寸。

一、牙上下共に壱寸ずつ。一、眼一寸ずつ。　　一、耳長さ弐寸余、両耳の間四寸。

一、毛色黒赤。右狼、恰好常の犬より胴間少し長く、骨ぐみ丈夫。（宝永六・四・四）

オオカミに関する文献や情報を長年にわたって蒐集され、また実際に飼育の経験がある平岩米吉氏（一八九八〜一九八六）は、その生態と歴史を一冊の本にまとめられた。名著『狼』である。この中で『鸚鵡籠中記』のオオカミも含め江戸時代に仕留められた六件を紹介、次のような平均的な寸法を示されている。

顔は八寸（約二四センチ）、胴長は二尺八寸〜三尺（八五〜九〇）、尾長は一尺〜一尺三寸（三〇〜三九）

※一尺＝三〇・三センチとしてメートル換算

先に楽田山で殺したオオカミは「顔が七寸（二一センチ）、胴が二尺七寸（八二）、尾が一尺五分（三二）」で、この平均値に比較するとやや小振りである。と言っても、数字だけではなかなかピンと来ない。そこでオオカミを犬に比較すると、この範囲に入るのは中型の日本犬（甲斐犬、紀州犬など）のオスか、またはメスのシェパードだという。動物園などで目にするオオカミに比べ決して大きくない。もともとアジアに生息するハイイロオオカミの中でも、亜種のニホンオオカミは小型に属する。『日記』が記す「足の水かき」は指間の被膜を指し、犬全般に見られるもので、とくにオオカミの特徴ということではない。

『日記』は仕留めたオオカミの寸法につづき、オオカミが出没した村々をまとめて掲載している。実際に現われたのは前月の三月で、日付が順を追っていないのは、別々の資料から写し取ったためだろうか。並べ換えず、そのまま記載しておく。

○三月廿八日　春日井郡神屋村。　○同日、大草村女二人死。
○三月十三日　野口村男一人。　○同廿七日　上末村男二人死。
○同廿八日　春日井原新田　女二人死。生所、如意村より奉公人、同所。
○同日　稲口新田　男一人死。　○同日　勝川村の者同所。
○同廿七日　春日井郡関田村　男女二人。（一人は当座に死、一人は未だ死せず）
○同廿八日　下原村　男女三人。　○同日　同所新田。
○同廿七日　下市場村　○同日　同所新田。
○同廿八日　多（田）楽村之内、岩野（是は久木村より奉公人）
○同十六日　丹羽郡羽黒村　男一人。

○同　三日　柏森村・下野原新田。〆十八ヶ村にて狼、人を喰う。
○男女二十四人、内十六人死に、八人手負い。
○狼の子三ツ、本庄村の百姓田所にて捕え申し候。

これを地域別にまとめてみよう。春日井郡から一部丹羽郡にわたっている。

春日井郡域　　※（　）内は現在の位置説明

一三日　○野口村（大山村の西に位置し、現桃花台ニュータウン北側、小牧市野口）

廿七日　○上末村（小牧市上末、南は春日井市田楽に接する）○関田村（春日井市篠木・穴橋町から関田・鳥居松にかけ）○下市場村（関田村の東、春日井市浅山・篠木町から十三塚・下市場・金ヶ口町にかけ）○下市場村新田（下市場村の四ッ谷地区。篠木小学校の東で、現篠木七丁目）

廿八日　○神屋村（春日井市神屋、高蔵寺の西で小牧の大草に隣接）○大草村（現桃花台ニュータウンの東、小牧市大草）○春日井原新田村（春日井市の西部から豊山町の「県営名古屋空港」に接する地区、東は高山町まで）○稲口新田村（勝川村の北、現春日井市稲口町）○勝川村（春日井市西南の国道一九号に沿う「勝川町」を中心）○下原村（小牧市の大草に接する、現春日井市西山・東山町から下原・南下原にかけて）○下原新田村（下原村の東南、現東野・六軒屋町から篠木・鳥居松町にかけて）○田楽村（小牧市下末に接し、現春日井市上田楽・桃山町から田楽・鷹来町にかけての地区）

丹羽郡域

三日　○柏森（現扶桑町の南端、大口町に隣接）○下野原新田（柏森村の東に隣接する下野村の南部、木津用水沿い）

一六日　○羽黒村（現犬山市羽黒、楽田の北に隣接する地区）

以上で一六村、残る二つが如意村（現名古屋市北区、春日井市味美近く）と田所村（一宮市北部、木曽三川公園近く）になろうか。ただし記載のあり方から如意村は奉公人の出身地かも知れない。また田所村は本庄村

（上末・東田中の北、犬山楽田地区に隣接）の百姓が狼の子を捕らえた場所としているが、山間部から離れ過ぎ疑問が残る。このオオカミの出没は、四月中もつづく。

○御案内の者、飛《ひ》保《ぼ》曼《まん》陀《だ》羅《ら》寺《じ》の山にて三《さん》昧《まい》太《た》郎《ろう》（犬の名也）を打ち殺す。長さ三尺五寸、ツラ六寸、口五寸と云々。狼をつれ来り、八つになる児を喰い殺すにつき、鉄砲にて打ち留め、狼は逃げ去る（この三昧太郎、形甚だすさまじしと云々）。（宝永六・四・十一）

宝永年間に瀬戸・名古屋周辺に出没したオオカミ（●印が出没場所）

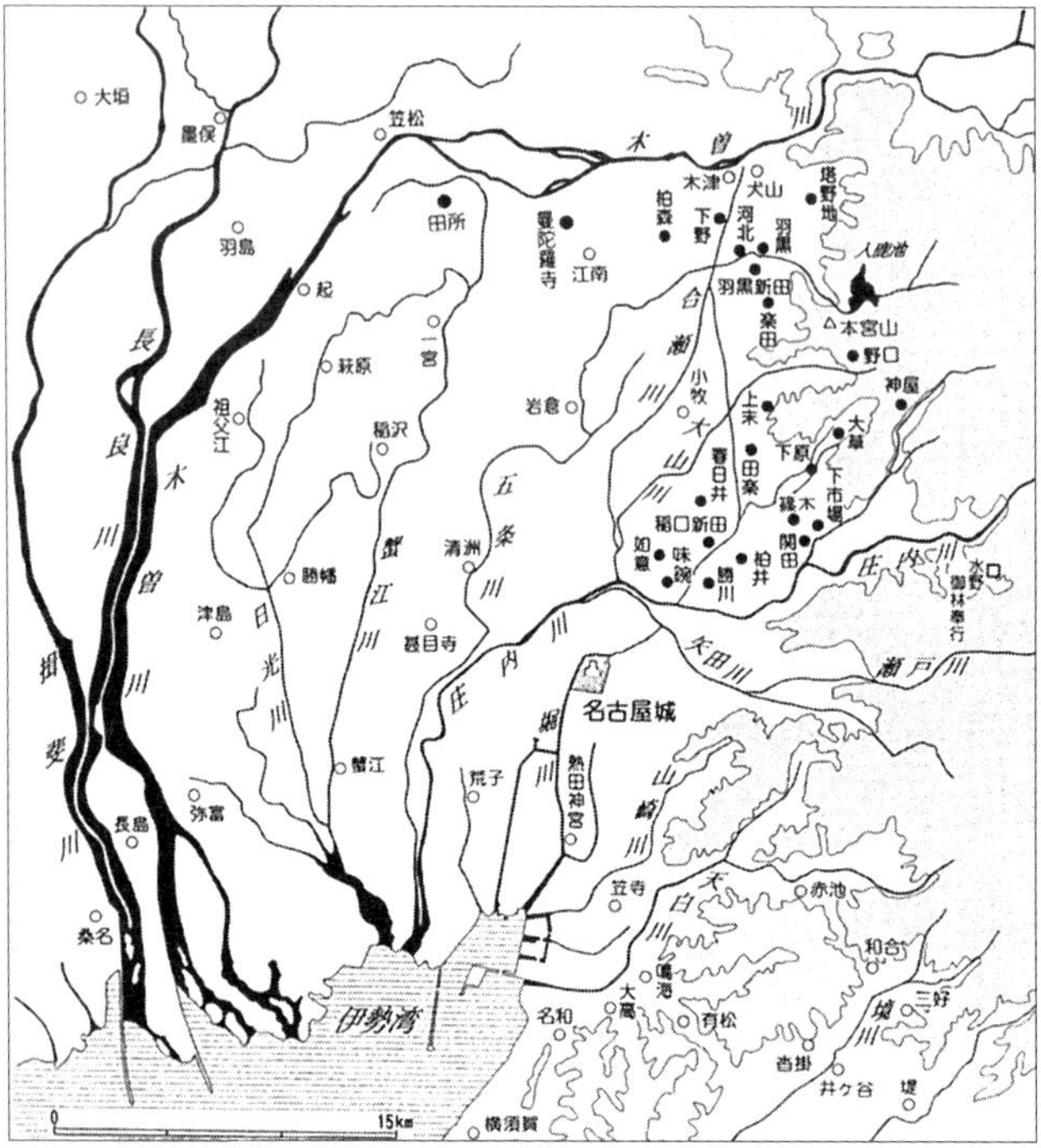

○水野権平手により、狼を昨日木津《こっつ》にて打ち留め候を、今日在国の御老中より御用人迄、吊りて廻る。（宝永六・四・十六）

○御国方より狼を取らせ候ため、板取《いたどり》（美濃国郡上郡）より呼び寄せ候猟人十四人、今日よりこれに出づ。（宝永六・四・十八）

○狼とて、地犬にしてしかも小さきを壱疋打ち殺し、御国奉行へ来る。（宝永六・四・廿二）

○同日、狼を打ち、御老中等へ持ち来る。（宝永六・四・廿七）

○尾州にて打ちし狼、塩漬にして市買（谷）へ到着と云々。（宝永六・六・九）

まず「水野氏配下の御案内たちが、前飛保村の曼陀羅寺近くで、三昧太郎と呼ばれる野犬を鉄砲で仕留めた。オオカミを連れて現われ、八歳の児を喰い殺したので射殺された。オオカミは逃げた」と記す。冒頭の「御案内の者」は、水野権平配下の下級役人のこと。権平のもとには手代・足軽・仲間・御案内が置かれ、先の楽田では足軽の久野半介が手柄をたてたが、今度は「御案内の某」が鉄砲で打ち止めたのである。藩主が水野村周辺の山で狩りをするとき御案内役を務めたのが水野氏で、水野氏自身「御案内之者」と呼ばれることもあったが、ここでは配下の山廻りをする下位の役人を指す。

飛保《ひぼ》の曼陀羅寺《まんだらじ》とは、「藤《ふじ》」で有名な江南市の曼陀羅寺である。木曽川左岸沿いの村久野村・宮田村の南に前《まえ》飛保村、後《うしろ》飛保村が位置し、曼陀羅寺は前飛保村の方にあった。いま名鉄犬山線の江南《こうなん》駅から北西二キロの距離にあり、四月半ばからはじまる「藤まつり」は、大勢の観光客で賑わう。その曼陀羅寺の山で獰猛な犬が仕留められたわけだが、「曼陀羅寺の山」とは何だろう。曼陀羅寺の山号は日輪山で、寺を山号で呼ぶことはあるし、曼陀羅寺周辺に整然と並ぶ塔頭を「山内（境内）に所在」（『市史』）という言い方をする。明治の地形図では曼陀羅寺付近に（標高二〇㍍の扇状地）とくに目立つ高まりもないので、寺の境内としておく。

ここで仕留められた「三昧《さんまい》太郎」が、半世紀前に名古屋城下の広小路に現われている。正確には寛文元年（一六六一）、文左衛門が生まれる一三年前で、むろん同じ犬ではない。だとすれば、「三昧太郎」は凶暴な野犬に対する一般的な呼称ということになる。

○今月十日ころより広小路へ三昧太郎と云うが山の犬と夜々に来りて、捨子をくらひ、その辺の童どもを数度追わえなどする。後は夜番の者をねらい申す由、奉行所へ申し来《きた》り候。御城にても御沙汰有りて、その犬殺し候えとの事にて、御犬引ども承り、唐犬をよせ置き辻々に鹿網を張り、犬の来る道に番を据え、相図の拍子木に付けて大勢にてせこ（勢子）を立て、網へ追い懸け、彼の犬どもをみな殺しけり。但し内一疋はせこをぬけ迯《に》げけるを、翌日堀川にて見出し、納屋町にて人の家へ追込み殺す。その時分は町中気遣いをし、子どもなどは日暮より背戸へも出さず、女などは殊の外おぢとりめく。昔は名古屋もこの広小路は町の末にて、大久保見より南は人家もきれぎれ成るよしなれども、今ほどは、侍町は前津小林村へつづき、町は千本松・日置村迄家ならび、広小路は町の真ん中成るに、山の犬など毎夜来るはめづらし。（『正事記』寛文元・七）

寛文元年七月十日は新暦の八月四日にあたる。「この頃、城下の広小路へ夜な夜な三昧太郎が数頭の山犬を引き連れて来て捨て子を喰い、子供を追いかけ、夜番の者たちを狙うという。この話が奉行所へも届き、藩から山の犬を退治せよとの命令が御犬引たちに下された。そこで唐犬（舶来犬）を準備し、辻々に鹿用の網を張り、大勢の勢子が山の犬を追い出して捕捉し打ち殺した。逃した一匹も翌日に探し出して殺した。昔の広小路は碁盤割の南端であったが、いまはずっと南の前津小林村から日置村まで人家が立ち並び、広小路は繁華街になったので山の犬などが来るのは珍しいことだ」とある。出典は江戸前期の随筆『正事記《まさことのき》』（「しょうじき」とも、津田房勝著）で、寛文五年（一六六五）ころ書かれており、かなり信用できる。

ここに出てくる御犬引は鷹狩りの猟犬などを飼育する役職で、『鸚鵡籠中記』にも「御簡略（倹約）につき、御犬引頭山田角左衛門小普請となる。御犬皆放つ」（正徳六・三・二九）と出てくる。藩の支出抑制のため猟犬の飼育を止め、その役の者を免職（小普請入り）したという意味。これ以前に「御餌さし頭、山本作内・鈴木彦右衛門小普請となる」（宝永五・四・一）と似た記事があるが、こちらは生類憐み令に絡んでのことだろう。それはともかく御犬引はさすがに犬を扱うプロであり、一網打尽とはいかないまでも、最終的にはすべての山犬を捕らえている。

ところでこの〈山の犬〉の正体は何か。『和漢三才図会』（寺島良安・正徳三年）では〈豺《さい》〉を「やまいぬ」と訓《よ》ませ、「按ずるに豺（俗に山狗と云う）は状《かたち》、狗に似れども、足に水掻きありて狼のごとし」と解説している。つまり豺は「やまいぬ」で、犬に似るが狼のように水掻きがあるというのである。指間の被膜は犬にもあり、識別の指標としては誤っている。同じ江戸期の『大和本草』（貝原益軒・宝永六年）は、「豺《やまいぬ》は性悪し食うべからず、狼は性よし食うべし」とおかしな分け方をし、『本朝食鑑』（平野必大・元禄八年）も「狼は肥え、豺は痩せ」と変な区別をしている。

平岩米吉氏はこれら諸説を紹介された上で、「山犬は日本狼の別名、あるいは通称とするのが正しい」と明快に断じられている。つまり山犬も狼も同じものだというのである。「オオカミとは別に、〈野生種のヤマイヌ〉の存在を想定していたが、それは犬が野生化し（野犬《のいぬ》）、山に棲むようになっただけのことで、たとえば狩野元信（一四七六〜一五五九）が描いた有名な狼絵のなかにも、狼にはあり得ない斑模様のものが含まれている」というのである。

肝心の「三昧太郎」の呼び名だが、「三昧」は仏教用語で「一つの事に集中した状態」をいい、江戸期には「言いてぇ三昧《ざんまい》、してぇ三昧」など「勝手し放題、無法」の意味に使われる。「太郎」の方は「勇猛な犬」に付され、たとえば静岡県磐田市の見付天神社（矢奈比売《やなひめ》神社）には、ヒヒ退治の伝説をもつ悉平《しっぺい》太郎像が建てられている。早太郎ともいい、この種の話は全国に多い（吉野祐子「矢奈比売神社の信仰と芸能」）。この二つを繋ぐと「獰猛な犬」という意味になり、固有名詞ではなく普通名詞にしても良さそうである。

ただしもう一つ、三昧は「三昧場」の略として火葬場や墓場の意味にも用いられる。そういう場所に出没する「獰猛な墓場荒らしの野犬」ということにもなりそうで、事実野犬やオオカミが埋葬場を荒らした事例は、全国に数多くある。

木津《こっつ》で仕留めたオオカミ

曼陀羅寺の件を記してから五日後、「水野権平が昨日木津《こっつ》でオオカミを仕留めた。その死骸を棒に吊し、老中から用人まで見せてまわった」とある。江戸時代の木津村は犬山村の西隣り、いまの犬山市の北西端にあって、木曽川に面している。

『尾張国地名考』は「こつ」と振り仮名をし、「こっつ」と発音するのは「言便（促音便）なり」としている。木津といえば、京都府南端の木津《きづ》やそこを流れる木津川（旧泉川）が有名だが、いまこれを「こつ」と読む人はいないだろう。しかし同書は「山城国相楽の郡木津宿も、往昔は固通《こつ》と呼びたり」と記している。山城国相楽郡の木津は、木津川が西から北へ大きく流れを変える地点に興福寺が木屋（貯木場）を置いて拠点とし、そこに藤原摂関家を本家とする木津庄が成立。やがて法性寺《ほっしょうじ》に寄進されたが、元暦二年（一一八五）梶原景時一族に押領され訴訟事件にまで発展した。このとき景時の妻が関係者へ出した手紙に「こつのさうのこと、さりふみ二ハをよはぬことに候」（木津の庄のこと、避文には及ばぬことに候）とある。所有権放棄の文書（避文）は出さなくてよいと指示した手紙だが、なるほど仮名で「こつ」とあり、一時期にせよそういう読み方のあったことがわかる。
木津川の木津《きづ》と木曽川の木津《こっつ》、ともに材木の集積地にちなむ地名だが、近世の木曽川は犬山城がある城山近くの鵜飼屋湊《うかいやみなと》（犬山湊）に川番所が置かれると、木曽材の中継地として木津より犬山湊の方が知られるようになる。対岸の鵜沼や小伊木へ渡る舟も、城の上手《かみて》の「内田の渡し」と並んで、下手《しもて》の「鵜飼屋の渡し」が利用されるようになった。城から一キロほどの距離にある木津まで犬山湊に含めてよいのかも知れないが、湊としての木津の名は聞かない。

「木津《こっつ》」といえば、尾張北部の代表的な用水路として知られている。江戸初期に造られた入鹿池と入鹿用水も有名だが、春日井原《ばら》を潤すには足りず、新たに木曽川に面した木津に取水のための「杁《いり》」が設けられ、小口《おぐち》村（現、大口町小口）まで約五キロを掘削し、すでに排水路としてあった合瀬《あいせ》川に繋いだ。これが慶安三年（一六五〇）に完成した古木津《ここっつ》用水である。のち寛文四年（一六六四）に小口で分水して東寄りの春日井方面へ流し、下流で八田川を合わせて庄内川に落とす「新木津《しんこっつ》用水」が完成した。

この「杁」のある木津村で水野権平は一頭のオオカミを仕留めた。死骸の前足と後ろ足を結わえ、棒を通して逆さ吊りにし、これを藩の老中や用人たちのもとに運んで検分に供したらしい。

老中のことを尾張藩ではとくに「年寄」という。はじめに滝川、阿部の両家が任じられ、やがて寺尾家が加わったが、のち石川（石河《いしこ》）、志水、渡辺家など次第に年寄を出す家柄が増えた。同じ「年寄」でも別格扱いされたのが、「両家年寄」と呼ばれた御付家老《おつけがろう》の成瀬、竹腰《たけのこし》家である。これらの年寄に「城代」を加え、対外的には「家老」と称する。いわば藩の内閣である。

オオカミ騒動の宝永六年に年寄の職にあったのは、鈴木伊予守、大道寺駿河守、織田周防守、渡辺飛騨守、中條伊豆守、阿部能登守、石河兵庫、石河出羽守、奥田主馬《しゅめ》の九名で、つづく正徳年間には、最大十一名に達する。この頃になると必ずしも家柄で選ばれるのでなく、奥田主馬など藩主のお気に入りで抜擢されるケースもでてくる。

もう一つの「用人」は、朝廷や幕府に対する礼式、贈答などの折衝役であるが、別に藩主側近の取次ぎ役として「側用人」、城代の用務を扱う「国用人」が置かれていた。日記に出てくる用人は、この「国用人」を指すのであろう。老中や用人にオオカミを見せて回ったのは、おそらく藩の記録にとどめるためである。このあと美濃国郡上《ぐじょう》の板取《いたどり》から猟師を動員してオオカミ狩りを続行しており、六月には仕留めたオオカミを塩漬けにし、わざわざ市ヶ谷の尾張藩上屋敷（現、防衛省敷地全体）まで送っている。

宝永七年（一七一〇）の四月から六月まで、再び狼の被害が頻出する。

○頃日《けいじつ》在々所々にて狼出る。人を殺し又疵つく事甚だし。（宝永七・四・二九）

○頃日狼所々へ出づ。都合十八人、頃日の間に喰殺す。狼雌雄《おすめす》と子あり。女狼と子と合せて頃日殺す。これによりて、男狼大いにあれる。この一疋斗《ばか》りなれども、甚だ功ある狼にて手にあわず。柴山百助・水野文四郎等在郷へ出てありて、狼を打せんとす。今日水野勘大夫に命じ、百姓のいたみと御物入りに構いなき間、人数いか程にても仕（使）い、狼を打つべしと云々。御国奉行も明日より、一人宛代り代り出て、勘大夫と両指揮にて狼を獲えんとす。勘大夫も明日より罷り出づ。（宝永七・五・十二）

○星野七右衛門狼猟に出づ。三郎兵衛頃日帰る。此代りなり。（宝永七・五・二五）

○今朝星野七右衛門、狼猟より帰宅。（宝永七・六・一）

○頃日連日暑。今昼勘大夫、狼打ちに篠木辺に出づ。御国奉行爾今代る代る出て打たせけれども、小さき狼や鹿等を漸く打つ。害をなすをば得取らず。御国奉行の首尾悪しき。（宝永七・六・二二）

ここ暫くの間に一八人が食い殺されたという。狼は子連れのオス・メスで、この内メスと子が殺されたため男狼は荒れ狂い、しかも俊敏で手におえない。ついに郡《こおり》奉行の柴山百助や水野文四郎まで駆り出された。柴山家は文左衛門の母の妹が嫁いだ家で、その孫が百助。宝永四年に郡奉行に就任している。もうひとりの水野文四郎は、文左衛門の娘こんが嫁いだ水野家の従弟筋にあたる人物（「こん」は水野久次郎に嫁ぎ、その父勘太夫の従弟が文四郎）で、元禄一六年に濃州から尾州の郡奉行に転じている。宝永七年のオオカミ騒動の時、文左衛門の親戚ふたりが共に尾張の郡奉行（定員二名）だったわけで、オオカミの記録の詳しいのはそうした理由からである。

藩は狩猟のプロである水野勘太夫に「百姓を好きなだけ動員してよいから、とにかく狼を打て」と命じ、百姓を動員する都合上国奉行も指揮陣に加わった。文字通り藩の威信にかけた狼狩りだったのである。このときの国奉行は星野七右衛門や西尾三郎兵衛ら三人で、毎日交代で出たが、慣れないせいか「彼らの捕るのは子供の狼や鹿ばかりで、肝心の獰猛な奴は逃がしている、どうも成果が上がっていない」と、文左衛門は辛口の批評である。

○晴。蒸し暑し。丹羽郡羽栗郡新田にて、百姓の女四歳に成《なり》ける。屋敷の内に遊び居るを、狼来て喰いける。村の者追い払いければ、女は疵《きず》を蒙りて命を助かる。右の狼を同郡河北村にて百姓追い払う。同郡下野村の方へ行く。御案内の足軽下野村近辺に相詰めこれ有るに付き、右の旨下野村より注進あり。段々に罷り越し、下野村の内福塚と申す所の芋畑より駈け出し申し候処、御案内の松田善八、鉄砲にて打《うち》たれども駈け出す。御案内の生田弾蔵も打かけたれども、三町程脇へ逃げ行く。御案内の小池藤蔵、御足軽の長江半六駈け付け候う処、茶の木の内より飛び出し、右の両人へかかりけるを、藤蔵首の付け根を打ちければ倒れ、又起き上がりけるを、半六首の中程を打ち、終に斃れる。（以上四玉にてとまる）

惣長五尺余　内面長九寸　尾長一尺二寸　全高二尺二寸　胸廻り弐尺三寸

口広九寸　耳長二尺八寸　量耳の間四寸　眼九寸　牙上六分下五分
足のうら三寸五分爪長し　黒灰毛　（宝永七・八・四）

尾張北部の木曽川流域で女児を襲った狼を、勘太夫（権平）配下の者たちが追いつめ、遂に仕留めた。一年前楽田山で仕留めた狼は「惣長四尺四寸五分、うち面長さ七寸、尾の長さ一尺五分」だったが、それより一回り大きいことがわかる。

以上文左衛門の「オオカミの記事」は、ほぼ宝永六、七年に限られ、あとは正徳年に若干の記事があるだけだ。何故この期に集中したのだろうか。

栗栖《くりす》健《たけし》氏は「江戸時代前・中期に当たる一七世紀後半から一八世紀にかけて、オオカミの扱い方が一大転換した。人を襲った記録が、急に目につくようになる」とされ、下総の佐倉（元禄三年）、武蔵の喜多見（元禄五年）、信濃の北大塩村・塩沢村（元禄一五年）、越中（元禄一二、三年）に加え、『鸚鵡籠中記』の記事とともに尾張国を例示されている。考古学者の故藤森栄一氏も信濃・越中の例を示したあと「この時期そういう異常行動が全国的にあった」可能性を推測されているという。研究者の多くはニホンオオカミ絶滅の原因を、狂犬病やジステンバーの流行とともに、森林の乱開発にあったとする（『日本人とオオカミ』）。

狂犬病は狂犬病ウイルスが原因で、噛まれると唾液が体内へ入り、三週間から八週間、最高で半年近く細胞内に潜伏したのち、発病する。いったん発病すると目的もなくさ迷い歩き始め、暴力的になって、出会ったものには何にでも咬み付く。最後はほぼ百パーセント、筋肉がマヒし昏睡して死ぬことになる（『絶滅した日本のオオカミ』）。

わが国で狂犬病が最初に流行したのは享保一七年（一七三二）のことで、狂犬病に罹《かか》った犬やオオカミは個で行動し、人間や動物に見境なく噛みついた。咬まれた後発病を防ぐのは困難だが、治療法を記した『狂犬咬傷治方』（野呂元丈・一七三六年）によれば、「傷口の血を洗い流し灸をすえる」方法が、ある程度の効果はあるらしい（平岩米吉『狼』）。狂犬病の流行の様子を、神沢貞幹《かんざわていかん》（杜口《とこう》、元京都町奉行与力）は『翁草《おきなぐさ》』（一七九一年）で次のように記している。

○享保一七年……犬煩《わずら》いて狂い駆けて人に喰いつき倒れ死す。中国辺は犬ことごとく死に果て一疋もなし。……犬のみにあらず、狼狐狸の類い多く死す、人牛馬も噛み付かれたるが、熱強く三十日五十日ないし一年も悩み、食事を断ち犬のごとく狂い這いまわり死す。

しかし享保の狂犬病流行より、元禄・宝永のオオカミ被害は三〇年以上先行する。そこで、オオカミが人里へ出没し始めた理由を、狂犬病以外に考えなければならない。多くの研究者が挙げるのが、「急速な森林開発」である。

栗栖氏はその証拠に「明治以前耕地面積の推移」（大石慎三郎『江戸時代』）を示される。それによると室町時代の耕地面積を基準にしたとき、一五〇〇年後の江戸初期の耕地は一・七倍の増加、次の宝永までの一〇〇年間に三倍に増えている。江戸時代の農業は、農具の改良や灌漑道具の発明により元禄期に飛躍的に発展した。開発による耕地面積の増大は、森林面積の減少につながり、森を棲処《すみか》とする動物の減少、とくにシカの減少がオオカミの村里への出没につながったと考えられる。

それともうひとつ、元禄から宝永にかけての気候変動や多発した自然災害（地震と火山噴火）を加える必要がありそうだ。たとえば名古屋の降雪日数は、オオカミ多発の前年にあたる宝永五年に二五回と最も多く、元禄五・七年、宝永元・三年は各一〇回以上ある。降雪量からみると元禄五・六・一〇・一一・一二年、および宝永三年に二〇センチを超え、宝永五年には犬山で一メートルを記録、砥石の上に注いだ湯がたちまち凍ったのが翌宝永六年で、こうした小氷河期を思わせる寒冷気候が、鹿や猪の餌を奪い、オオカミの獲物不足に連動して行ったことも考えられる。

加えて元禄七年の出羽国一帯の大地震、元禄一六年の関東大地震、宝永四年の東海・近畿・四国大地震、宝永七年の奥州大地震など一連の天変地異が、動物の異常行動に関係したのかも知れない。オオカミが人を襲う事件の多発したことは、続く享保の狂犬病の流行と相まって、従来の「人を害しないオオカミ」観を大きく変えることになった。

カミ（神）とオオカミ

オオカミの語源を「オホカミ（大神）」とする書が多い（『大言海』など）。ほかに「大噛」に求める書もあるが、昔から「山神の使い」として敬われ、「大神」として祀った（埼玉県三峯《みつみね》神社・静岡県山住神社など）。元来人を襲うことはマレで、むしろ農業に害をなすシカやイノシシを退治してくれたからである。農業と牧畜がセットになった西洋や中国では、家畜の襲われる被害が多く、オオカミは人畜に害を及ぼす獣として怖れられ、嫌われた。西洋の童話では、オオカミはたいてい悪者である。日本ではオオカミを神と結びつける観念は古くからあり、『日本書紀』欽明《きんめい》紀冒頭に秦氏の祖とオオカミの話が載る。

○欽明天皇が幼少のおり、夢に現れた人が「秦大津父《はたのおおつち》という者をご寵愛になればきっと天下を治められるでしょう」と言った。その人物を山城国紀郡《きのこおり》深草の里（京都市伏見区稲荷町付近）に探し出し、何か思い当たることはないか尋ねると、大津父は「伊勢に商いに行き、その帰りに山中で咬み合い血まみれになった二匹のオオカミに出合いました。馬から降りて手と口を漱《すす》ぎ、『あなたたちは恐れ多い神なのに、なぜ荒々しい行いを好まれるのですか。猟師に出合えばたちまち捕らわれてしまいます』と語りかけ、血をふき取って逃がしてやりました」と答えた。天皇は「夢のお告げはそれだろう」と言われ、大津父は富を重ね、やがて大蔵大臣になられた。

秦《はた》氏は渡来系の有力氏族で、京都盆地北西部の桂川流域や伏見の深草辺に根拠地をもち、進んだ灌漑技術や養蚕・織物で富を築き、京都の「太秦《うずまさ》」にその名を残した。先の話はその祖先の功績を語る説話だが、オオカミを前にしてまるで神社にお参りするように「口と手を洗い漱」ぎ、さらに「汝《いまし》はこれ貴《かしこ》き神」と丁寧に呼びかけている。秦大津父の住んでいた「深草」は、『和名抄』の「山城国紀伊郡」に出てくる郷名で、いまの伏見区深草稲荷から深草大亀谷《おおかめだに》にかけての地とされ、『山城国風土記』逸文では、秦氏と稲荷社のつながりを次のように語っている。

○稲づくりで富をなした伊呂具秦公《いろぐのはたのきみ》が稲の餅をつくり、これを弓の的として弄んだため、餅が白鳥に化して飛び去り、山の峯にとどまって「伊禰奈利（稲成《いねな》り）」生《お》いた。そこでその場所に社《やしろ》を建て、「伊禰奈利（稲荷《いなり》）」を社名とした。その子孫は先祖の過ちを悔い、社の木を引き抜いて家の庭に植え祭った。その木が生きれば「福」、枯れれば「福なし」とする信仰（「験《しるし》の杉占い）が生まれた。

いま稲荷山西麓に、全国三万余の稲荷社の総本社として伏見稲荷大社があり、宇《う》迦《か》之《の》御魂《みたま》神（紀は倉稲魂命）など五柱の稲荷大明神を祀る。稲荷社の創始は、元明天皇の和銅四年（七一一）、深草の長者伊呂具秦公が勅命により伊奈利三ヶ峰《みつがみね》に鎮座する神を祀ったところ、五穀稔り養蚕が成って天下の百姓が福を得たので、以後秦氏が禰宜《ねぎ》、祝《はふり》となって祭祀をつづけたという（社伝）。三ヶ峰の神

伏見稲荷大社楼門

とは、山頂（二三三メートル）一ノ峰の上社《かみしゃ》（大宮能売《おおみやのめの》神）、一段下がった二ノ峰の中社《なかしゃ》（佐田彦《さたひこの》神）、その下三ノ峯の下社《しもしゃ》（主神・宇迦之御魂神）を指す（三神が五神となるのは一二世紀以降）。山麓の地に社殿が建てられたのは、永享一〇年（一四三八）、時の将軍足利義教《よしのり》の命による（「稲荷谷響記」）。したがってそれ以前は、どんなにか弱い女性でも参拝のためにお山に登った。

あの清少納言も例外ではなく「二月初午《はつうま》の日の明け方に出かけ、稲荷山の坂の半ばでもう十時になってしまい、苦しさに涙をこぼしながら休んでいる横を、四十くらいの女が裾をからげた格好で、《今日は上・中・下社を七回お参りするつもり、もう三回済ましたので、お昼の二時までには全部終えられるでしょう》と話しながら通り過ぎてゆく。あの女の体に今すぐにでもなりたいものだ」と記している（『枕草子』一五八段「うらやましげなるもの」）。

いま麓の本殿にお参りしてそのまま帰る人はずいぶん端折《はしょ》っているわけで、「奥までお参りした」という人でもよく聞くと千本鳥居の先の「奥社奉拝所」までのこと、ここは山上のお社の遥拝所に過ぎない。尤も筆者はといえば、人の多さに圧倒されて千本鳥居すらパスし、ひたすら義教公の恩恵に与《あずか》った。その代わり楼門横の荷田春満《かだのあずままろ》旧宅（国史跡）に並ぶ「東丸《あずままろ》神社」にお参りし、孫のために合格祈願のお札をもらった。余計なことだが、札にはボケ防止の御利益も書いてあった。神社の横から境内を抜ける路地があり、案内標識にしたがって春満の墓を探し当て、お参りをした。

荷田春満（一六六九〜一七三六）は江戸前期の国学者で、伏見稲荷の祠官羽倉信詮《はくらのぶあき》の次男に生まれた。父が務めた御殿預職《あずかりしょく》を継がず、稲荷神道を大成した先輩の神官大山為起《ためき》の影響のもと、神道・歌学の研鑽につとめた。元禄一三年江戸へ下り、一〇年余り門生に古道について講義を行ったが、その間、赤穂浪士の討入りに助力したと伝えられる。彼の説く古道は、賀茂真淵らの国学に強い影響を与えたとされる。

井原西鶴のオオカミ

深草郷とされる「稲荷から大亀谷」を地図で確かめてみると、稲荷山（通称三ヶ峰、二三三メートル）西麓の伏見稲荷大社前の「深草稲荷」からはじまり、南へおよそ三キロの桃山（木幡《こはた》山、伏見山）北麓「深草大亀谷」までの地である。JRでいえば稲荷駅から藤森駅、京阪でいえば伏見稲荷駅から深草、藤森、墨染を経て丹波橋駅の間、学園でいえば龍谷大から京都教育大にかけての一帯になる。この地が古代豪族「秦氏」の説話の舞台だが、実はこの舞台、江戸の元禄期に井原西鶴によってもう一度よみがえる。「大節季《おおぜっき》にない袖《そで》の雨」（『本朝二十不孝』所収）というあまり耳にしない物語だが、登場するのはやはりオオカミである。

○伏見に住む竹箒《たけぼうき》職人一家の惣領文太左衛門《ぶんたざえもん》は、二七歳になっても親に働かせ自分は遊び呆けている。世の中の景気も悪く、年も越せなくなった一家は、孝行な妹がついに身売りを決意し、二〇両を前渡しされる。しかし文太左衛門がその金を持ち逃げしたため、絶望した両親は仏国寺から六地蔵に向かう野辺に坐し、舌噛み切って果て、遺骸はオオカミ喰われてしまった。文太は、墨染寺近くの撞木町《しゅもくまち》色里に正月が明けるまで居続け、金をすべて遣いきり、さすがに家には戻れぬと、宇治の里めざして六地蔵方面へ向かった。やがて両親が自害した辺りに差し掛かると、急に足がすくみ、目も眩んで行き倒れてしまった。そ

深草山墨染寺

こに両親を食べたオオカミが再び出てきて、夜っぴいて文太を弄《なぶ》り殺しにし、食い残した骨を大亀谷《だいかめただに》の街道筋まで咥《くわ》えて運び、文太の人形《ひとがた》に並べ置いて、その死に恥を衆目に晒《さら》した。

粗筋を記せばこれだけのことだが、西鶴の筆は随所に伏見の地の特色を織り交ぜていて興味深い。話は桃山と墨染めの説明からはじまり、その出だしに、「桃はかならず貧家に植えて、花の盛り、山城の伏見の里、墨染という所に、むかしは桜咲きて、都の人をも、ここに招きて……」とある。桃は貧しい家がかならず植える果樹と決まっていて、伏見は土地の貧しさを反映してか、桃の名所「桃山」となり、いま花が真っ盛りだが、そのむかしは伏見墨染の地に有名な桜があり、墨染の桜として知られていた。

その謂《いわ》れは関白藤原基経《もとつね》が没し（寛平三年・八九一）深草山へ葬送のとき、歌人上野岑雄《かみつけのみねお》（生没年不詳）がその死を悼んで「深草の野辺の桜し　心あらば　今年ばかりは墨染めに咲け」（古今八三二）と詠んだ。その思いが通じたのか一帯の桜が墨染め色に咲いたので、「墨染」の地名が付されたという。のちにこの話を知った秀吉が、荒廃していた貞観寺《ていかんじ》（九世紀創建）を姉の瑞竜尼が帰依する日秀上人に寄進し、再興されて「墨染寺《ぼくせんじ》」と呼ばれた。本堂には「桜寺」の扁額がかけられ、桜寺の通称が生まれた。盛期には境内が約九〇〇メートル四方の大寺だったという。

極貧にあえぐ竹箒職人の一家は、墨染寺が在る墨染町の一角の間口《まぐち》四間の家に住んでいた。四間といえば相当のものだが、時代の不況で零落したという設定である。「この家を買ってくれる人がいれば一両（銀四〇匁）でも譲ってやる、京橋《きょうばし》辺なら捨て値でも百両（銀六貫匁）はするのに一八町の距離が何とも……」と嘆いている。京橋は、大坂八軒家浜《はちけんやはま》と結ぶ淀川船運の発着場で、伏見ではもっとも繁華な場所、墨染から南西へ約二キロの距離で、ちょうど「一八町の隔たり」になる。

※八軒家浜　大坂城西の天満橋と天神橋間の浜、いまの「北浜東」辺り。八軒の船宿があったという。三十石船のターミナル。

伏見地区の旧地形（明治20年代の地形図を使用　＊現在の道路、鉄道を破線で示した）

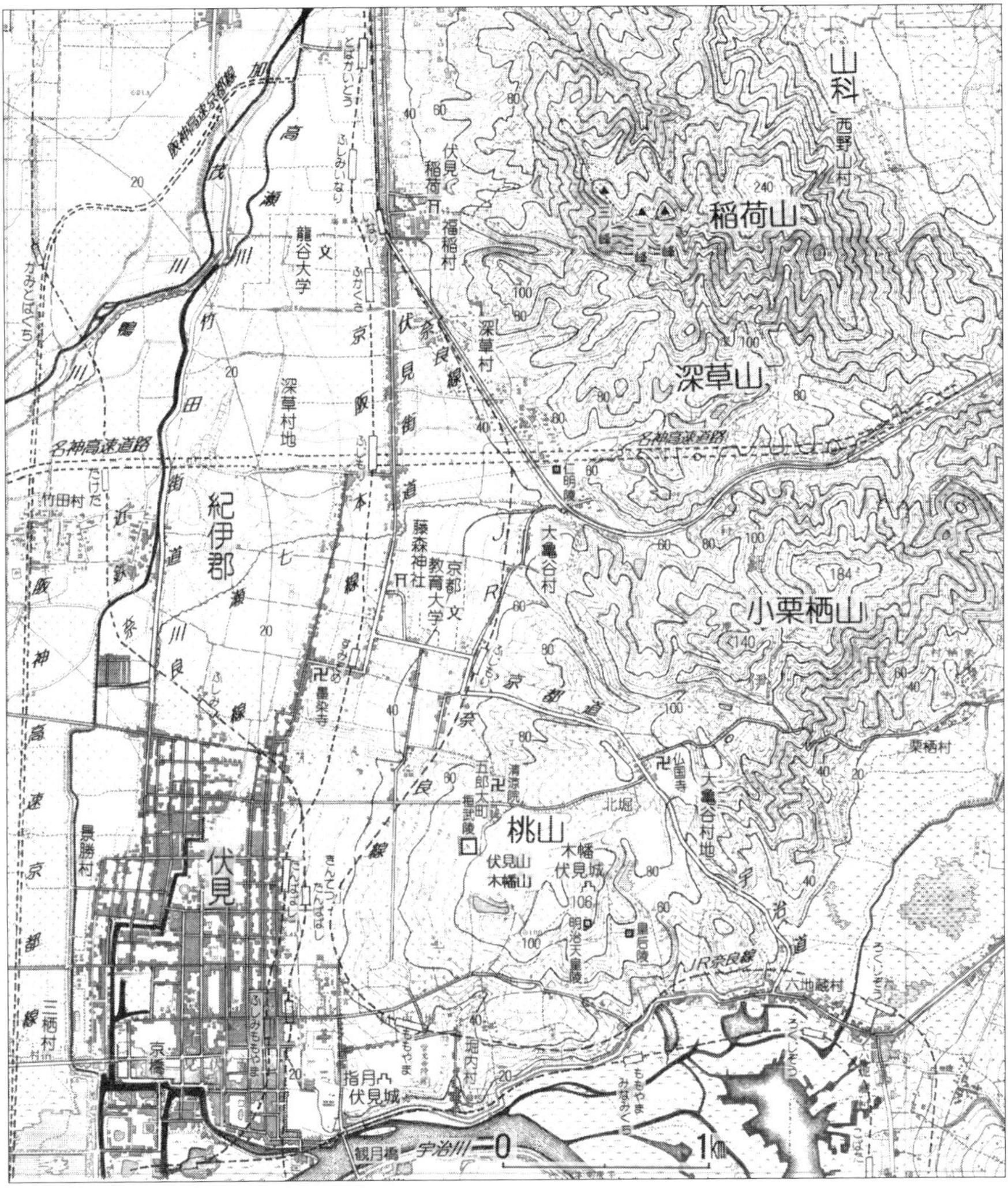

一見華やかさを感じさせる伏見でも、淀川に沿う町と深草に近い墨染辺では、随分ちがうのだろう。いっそ稲荷近くまで行けば別な縁《よすが》も生じるのだろうが、たしかに中途半端である。この墨染町の東に藤森神社があり、隣接する京都教育大の広い敷地の北東側が、大亀谷村になる。大亀谷をさらに北東へ進めば栗栖野を経て山科へ通じ、南東へ下れば六地蔵を経て宇治の平等院へ至る。

夫婦が命を絶つのは仏国寺《ぶっこくじ》近くの野辺とあるが、仏国寺（深草大亀谷古御香町《ふるごこうちょう》）は伏見北堀公園の東側にある。宇治の黄檗宗《おうばくしゅう》万福寺開山の「隠元禅師」の弟子高泉性敦《こうせんしょうとん》（一六六一年来日、万福寺五世住職）が、延宝六年（一六七八）にこの地の永光寺を再興し、仏国寺とした。盛時は大伽藍を誇ったが、のち衰微し一時は無住の寺となった。境内東の墓地に、小堀遠州政一（伏見奉行、作事・作庭に秀でる）の墓がある。元禄の頃は、まだ盛んだったろう。ここも大亀谷に属する。

　大亀谷が小説の最後の場面に選ばれたのは、オオカミを登場させるためであろう。来栖健氏は「オオカメはオオカミの方言」とする『大和の伝説』の話を紹介されている。西鶴も夫婦を仏国寺辺りまで引っ張ってきて、「オオカミ谷」で亡骸をオオカミに食べさせた。ただしそれで終りではない。

誰しもが憎む文太左衛門をそのまま逃げ得にはしない。急に動け

仏国寺

伏見京橋から上流を望む

なくし、オオカミに一晩中なぶり殺しにさせ、その上ご丁寧に、残った骨を文太の姿に似せて街道に並べ、晒した。『絶滅した日本のオオカミ』の著者ウォーカーは、西鶴が「秦大津父が争うオオカミと出会った宇治近くの狼谷の話に、結末を設けた」と評している。話の前後から想像すると、「日本のオオカミは神社（稲荷社）や寺院（仏国寺）とかかわり、その使いとしての役を担った」という意味であろう。オオカミはシカやイノシシを退治し、農民に福を齎してくれるが、決して一方的な「福の神」などではない。いったん牙を剥けば、人を襲い食い殺す存在でもある。ここに神としての二面性がある。

たとえば『万葉集』に「大口《おおくち》の真神原《まかみはら》（現在の飛鳥寺辺）」（三二六八）が歌われていて、真神にかかる枕詞「大口」の由来を、「むかし明日香の地に老狼ありて、おおく人を喰う。土民畏れて大口の神という。其の住処《すみか》を名づけて大口の真神原と号す」と記し、『大和国風土記』逸文にその出典を求めている（『枕詞燭明抄』）。

オオカミは日本の動物生態系の頂点に君臨し、怒らせると怖い。しかし何もしなければ、普通は襲って来ない。人を敵とは見ていないのである。ただ好奇心が強く、自分のテリトリーに入って来た人間を見かけると、領域外へ出るまでついて来て、時に群狼から旅人を守ることもあったという（送りオオカミ）。それがいつの間にか妙な意味に変わった。辞書に「とくに若い女を親切らしく送って行き、機会があれば誘惑しようとする男」とある。人間の方がオオカミより性質《たち》が悪い。

『狼』の著者平岩米吉氏は、昭和の初めから一〇年以上にわたり九頭の狼を庭で飼育され、その経験からいろいろ狼の特性を学ばれた。四、五歳の子供と遊ばせても平気で、一緒に庭を駆け回り家の二階まで上がって来たという。愛情を以て接すれば、犬と変わらない。薬のカプセルを飲ませるのに口を開けさせ喉奥まで押し込んだというから、犬以上である。しかし四〇〇グラムの肉を六秒で食べてしまうこと、どんなに馴れていても食事をしているとき手を出すのは危険なこと、例え布きれでもいったん所有権が移ったものを取戻すのは危ないことなど、野性本能を感じさせる要素も多々あるという。犬のように尾を立てることはなく、吠えることもしないが、犬と一緒に飼うと下手糞ながらワンワン吠えるようになるというから、やはり犬の祖なのであろう。氏の手記で「手を喉奥へ突っ込む」個所を読み、『尾張名所図会』にある「狼の故事」の場面を思い出した。初めて見たとき「まさか」と思った個所だ。

熱田にある「亀足山正覚寺《きそくさんしょうかくじ》」の縁起ばなしで、寺は永享六年（一四三四）「融伝《ゆうでん》上人」の創建だが、上人は東郷町部田《へた》村（現、東郷町春木《はるき》地区）祐福寺《ゆうふくじ》（浄土宗西山派）の四世住職だった。

○融伝は熱田大神への信仰が厚く何度もお参りしていたが、あるとき鈴の宮（鈴之《すずの》御前《ごぜん》社、「れいのみまえしゃ」とも。旅人が熱田へ詣るとき御祓いを受ける社。旧地は正覚寺前）の側らで出会った翁が、「私は当社の神職城太夫だが、この場

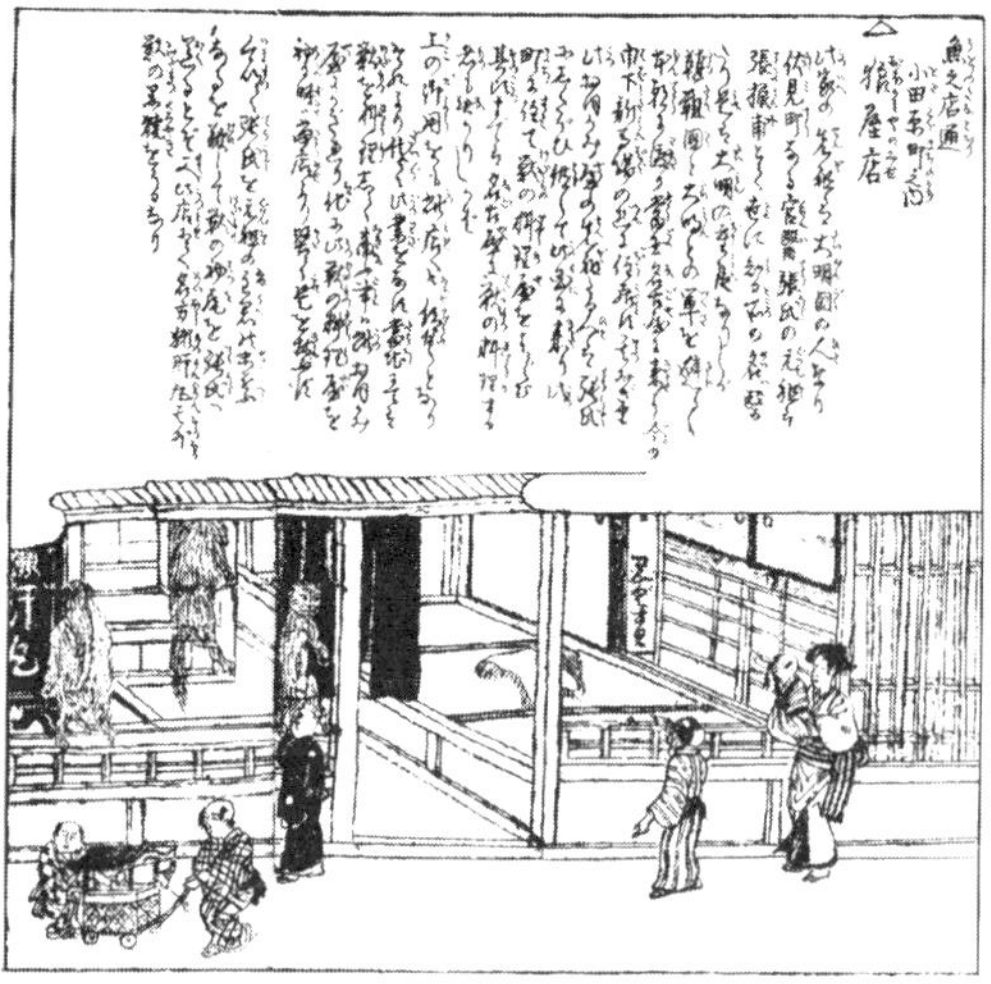

狼屋店（『尾張名陽図会』）

狼の故事（『尾張名所図会』）

所を寄付するのでお寺を建てなさい」と言い、姿を消した。翌日神職宅へ行き昨日の事を話すと、城太夫は「そんな約束はしてないし、第一土地は私のものではない」という。ともに地主の処へ行き経緯を話すと「それは大神の神慮に違いない。土地を差し上げる」といい、融伝を開基として正覚寺が建てられた。

○その融伝、祐福寺と正覚寺を行き来していたが、あるとき鳴海山を越えた処で出会ったオオカミが、喉に何かを詰まらせ苦しんでいる様子。そこで上人はオオカミの喉の奥まで手を突っ込み、尖った骨を取ってやった。オオカミは大喜びしてさかんに尾を振り、去っていった。のちに山中で喉が渇いた上人が地に錫杖《しゃくじょう》を突き立てると、忽ち泉水が湧き出てきたという。最後に「これみな融伝の道徳である」と結んでいる。なかなかよい話だが平岩氏によると、どんなに喜んだときでもオオカミが尻尾を振ることはないそうだ。垂らしたままで立てることすらしない。それは兎も角、平岩氏の体験にあるように、本当に馴れきっていれば喉に手を突っ込むことが可能なのかも知れない。

もうひとつ江戸の図会のなかに、高力猿猴庵《こうりきえんこうあん》が描く「狼屋」の絵がある（『尾張名陽図会』）。名古屋のご城下で獣肉を扱う店を描いており、江戸にも両国橘東詰めに獣肉を扱う「ももんじ屋」がある。毛深い動物を「ももんじい」といったことに由来するらしく現在もつづいているが、名古屋の「狼屋」の方は両国の店より二〇〇年も古い。

図会には「魚之店通《うおのたなどおり》　小田原町之内《おだわらまちのうち》　狼屋店《おおかみやのみせ》」とあり、次のような説明がある（口語要約）。

○此の家の先祖は大明国の人である。かつて伏見町に住んだ官医張氏の祖は張振甫《ちょうしんぽ》という有名な名医で大明国の重臣だった。韃靼《だったん》国と明との軍《いくさ》を避けて日本に渡り、名古屋の巾下《はばした》新馬場辺りに住んだが、「狼屋」の先祖もそのとき張氏のお供をしてこの町に来り、獣の料理屋を営んだ。

その頃までは名古屋には獣の料理屋はなかった。……今も張氏を先祖の主君として敬い、獣の初尾を張氏へ送る習慣が続いている。店では「獺肝丸」のほか「獣の黒焼き」を売っている。店先に三頭の獣が吊るされていて、そのうち顔がみえるものは成る程オオカミのようでもある。丸薬の獺肝丸の読みがわからなかったが、『尾張藩創業記』（西村時彦）に「張振甫の伴っていた男が兼康友林と改名し、獺肝丸《らいかんがん》という薬を売った」とある。獺とはカワウソのことで、その肝から作った漢方薬であろうか。

ところでオオカミの肉は旨いのだろうか。平岩氏は『本草綱目』の冷え性に効くという記述を紹介され、「薬用としての狼の肉は、たいへん体を温める」と記されている。江戸時代には狼の黒焼きが疳《かん》（小児病）や疝気《せんき》（腰や腸の痛み）や腹痛に効くとされ、『日本永代蔵』の「黒犬を狼と偽って売る様」を例示されている。味については『本朝食鑑』のいう「狼の肉は硬くて不味い」といったあたりが本当ではないか。むろん食したことはないが。

最後の捕獲地に建つニホンオオカミ像

ニホンオオカミが最後に捕獲されたのは奈良県の吉野郡小川村鷲家口《わしかぐち》（現東吉野村小川）、明治三八年（一九〇五）一月のことであった。三人の猟師が、動物採集のためこの地を訪れていたアメリカ人のもとに仕留めたオオカミを持ち込み、一〇数円を要求したが結局八円五〇銭で売ったという。大工の日給が一円、巡査の初任給が十二円、上等の日本酒一升が三五銭といった当時の値段である。いまの価値で一二、三万円といったところか。

米人の名はマルコム・アンダーソン（一八七九～一九一九）といい、父が教授を務めるスタンフォード大学で動物学を専攻、一九〇四年の卒業と同時にロンドン動物学会等が企画した東亜動物学探検隊員として、単身来日した。日本で助手兼通訳として一高生徒の金井清（のち諏訪市長となる）が雇われ、二人は翌年一月に桜井から鷲家口に入り、芳月楼《ほうげつろう》（昭和四五年刊行本には衣料品店になっているとある）に宿をとった。そこへ猟師が若い雄オオカミの死骸を持ち込んだのである。値段の交渉で一〇数円を要求する猟師らに金井青年は首を縦に振らず、八円五〇銭でなければ買わないと突っぱねた。猟師らが引き揚げたとき、アンダーソンの落胆ぶりは激しかったという。しかし間もなく猟師は戻って来て、結局八円五〇銭で買い取った。このとき金井も、これがニホンオオカミの最後の姿になるとは思ってもみなかった。その場でアンダーソンは皮を剥ぎ、頭骨と毛皮は大英博物館に運ばれ、現在も大英博物館に〈ニホン・ホンド・ワシカグチ〉の狼として記録し保存されている。

昭和六二年、村は自然愛護のシンボルとしてニホンオオカミ像の制作を計画、奈良教育大学教授久保田忠利氏に依頼し、遠吠えするニホンオオカミの等身大ブロンズ像が、鷲家口近くの高見川右岸に建てられた。

この最後の捕獲地に建つ「遠吠えするオオカミ像」を見たくなり、平成二〇年の某日、東吉野郡東吉野町役場のある小川地区を訪れた。いまではとても出かける勇気はないが、いまより少し元気だったらしい。事前に役所に頼んでバスの時刻表と村の案内パンフレットを送っていただいた。

近鉄で長谷寺の一つ手前の榛原《はいばら》まで行き、榛原から奈良交通バスで南へ下る。榛原駅の南口から一時間に一本の割で、杉谷《すぎたに》行き、大又《おおまた》行き、新子《あたらし》行きが出ている（いずれも当時）。そ

遠吠えするオオカミ像（東吉野町役場近く）

れぞれ異なる行き先は水系と関わる。

東吉野村の南端にちかい大又から流れる四郷川が、丹生川上《にうかわかみ》神社で杉谷から流れて来た高見川に合し、次に東吉野村北方の鷲家から流れて来た鷲家川が、役場近くの千代橋で同じく高見川に合する。ここから高見川は西流して吉野町に入り、国栖《くず》の新子《あたらし》で、大滝ダムから北流してきた吉野川に合流する。つまり榛原駅から千代橋までなら、大又、杉谷、新子、どの行き先でも構わないということだ。ただし午後に榛原駅へ戻る便は少ないので、要注意である。

千代橋で降り、川沿いを役所に向かって歩く。役所近くの高見川べりに立つ「オオカミ像」は、すぐに見つかる。像の前に立ってしばし見とれた。素人が褒めるのも変だが、これまで剥製しか見たことがなく、命を失った個体はどれもみすぼらしかった。それに比し、銅像のオオカミは遥かに生命力にあふれている。制作者の久保田氏は「ニホンオオカミは今日その姿を見ることができないから、他のオオカミや文献などによって、先ずモデルを作らなければならなかった……資料によってこれがニホンオオカミの形だといえるどんな小さな部分も、おろそかにできなかった」と記している（『ニホンオオカミの像』紹介パンフ　一九八七年）。

この鷲家口のオオカミを最後に、国内でオオカミを見ることは出来なくなった。それでも何十年かの周期で思い出したようにオオカミ残存説が出てくる。平岩氏によると、残存説に希望を与えたのは民俗学者の柳田国男（一八七五～一九六二）で、昭和八年「吉野人への書信、狼のゆくへ」と題した論文に「日本に狼がいなくなったことの立証はむずかしく、自分は絶滅を信じない」とし「奥吉野を中心とした広漠たる山地は、幾多の未知の真実の貯蔵地である」と述べた。平岩氏は柳田氏以後に発表された全国の残存説二六例を逐一紹介し、ほとんどが野生化した犬でタヌキやキツネも含まれており、繰り返される残存説の背景には「失われたものへの郷愁」があるとされている。

ただし柳田説の根底には、オオカミと野犬が交わり、雑種化したという考え方がある。外国では意図的に「狼犬」をつくることもあるらしい。これを前提にすると、雑種化しながらオオカミの血が何処かで生き延びている、といった想像も生まれる。しかしそのことと、ニホンオオカミは生きているという話は同じではないだろう。

そんな記述を読んでいた折、地元新聞に「松阪にニホンオオカミ？」の見出しが載った。松阪市飯高・飯南両町の山林にシカの死骸や獣の足跡が見つかり、オオカミの可能性を探るため近く早稲田大学の探検部ＯＢが調査を開始するという内容だ（「中日新聞」二〇一六・一・九）。カラー写真で、和歌山大の剥製が載っていて、一瞬ギョッとする。記事の最後に丸山直樹氏（東京農工大名誉教授）の「ニホンオオカミの足裏は一般的な犬に比べて大きい。足跡を測ればすぐ分かる」とするコメントがあり、「生存に否定的な見解」が示されていた。

二〇〇五年、丸山氏らが中心になって「日本のオオカミ絶滅百年」シンポが金沢で開かれ、収録本『オオカミを放つ』が刊行された。オビに「オオカミ復活に賛成ですか？反対ですか？」とある。近隣の国からハイイロオオカミを導入し、生態系のトップにもう一度オオカミを据えようという提案である。その試みに賛同する研究者は、オオカミの生態を様々な角度から研究し、本来人を襲う動物ではないことを立証する。実際に米国のイエローストーンでは、一九九五年に一四頭のオオカミを公園に放

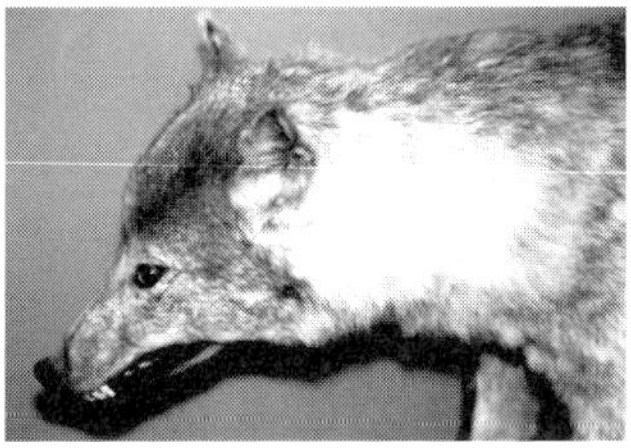

東京大学所蔵の剥製オオカミ
(2006 年 2 月、上野動物園内で展示のものを撮影)

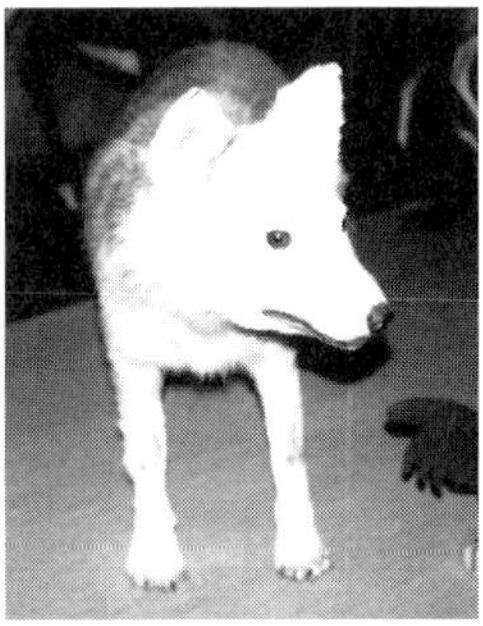

国立科学博物館に展示されている剥製オオカミ

ち、今では数百頭に増え、最も成功した例として挙げられている。日本で同じ試みをするためには、とくに江戸時代以来形成された「オオカミ悪もの」説が払拭されなければならない。

ただし一つ気がかりなことがある。もともとオオカミ絶滅の背景に「人間による無秩序な森林破壊」があったとするなら、いまシカやイノシシ被害への対症療法としてオオカミ導入を考えても、根本治療を施さない限りはいずれ同じ轍を踏むことになるのではないか。いつかまたブーメランのように、どの害よりも大きな「人害」が問われるような気がする。

【コラム】わかりにくい伏見城

伏見山（桃山・木幡山）は、京都東山から連なる丘陵の最南端に位置し、その南は宇治川と巨椋《おぐら》池によって限られる。稲荷神を祀る稲荷山の南には深草山があり、大亀谷《おおかめだに》を挟んで小栗栖《おぐるす》山、さらに西の伏見山へと続く。伏見を象徴する「秀吉の城」はその存亡が慌《あわただ》しく、なかなか整理がつかない。

まず淀川に架かる観月橋北辺の「指月《しげつ》」に文禄元年（一五九二）「秀吉の隠居屋敷」の建設が始まり、途中から本格的な城へ設計変更されて文禄五年に完成した（指月伏見城）。当初宇治から北流する宇治川は直接巨椋池に流れ込んでいたが、槙島《まきしま》から堤を築いて池から分け（槙島堤）、伏見の町に水を引いた。さらに三栖《みす》から淀川の出発点「淀」まで堤を連ねて宇治川―淀川の流路を池から完全に分離した。そのときに伏見と対岸を結ぶため豊後橋（のちの観月橋《かんげつきょう》）が架けられたのである（一五三頁地図参照）。

淀川に架かる観月橋（北詰から撮る）

しかし指月伏見城は、完成直後に慶長伏見地震（一五九六年）で倒壊、北東一キロの伏見山（木幡山）へ場所を移して再建された。材木の再利用が可能だったため、早くも翌慶長二年（一五九七）には完成し秀吉の入城となった（木幡伏見城）。しかし秀吉の在城は短く、翌年八月に秀吉はこの城に没した。その後実質的後継者として家康が入城したが、慶長五年、城代の鳥居元忠に守備を任せ、会津征伐に向かう。この間隙をつき四万の小早川秀秋、島津義弘連合軍が急襲、鳥居の奮戦空しく伏見城は炎上した。

関ヶ原の戦いに勝利した慶長六年（一六〇一）、家康は二条城とともにこの伏見城再建に着手、翌七年末に城は完成した（第二期木幡伏見城）。慶長八年、家康は再建した伏見城で征夷大将軍の宣下を受けるが、政治の中心は駿府へと移った。豊臣家滅亡後の元和五年（一六一九）、伏見の廃城が決まったが、それでも元和九年の家光将軍宣下は残された殿舎の一角で行われたという。伏見城の天守は二条城へ移築され、広島福山城にもいくつかの施設が移築されている。廃城後この地を開墾して「桃」を植える事業が行われ、「吉村酒造蔵元」の吉村家がこれに携わったという。

近代になり、本丸跡には明治天皇の桃山陵、昭憲皇太后桃山東陵が築かれ、昭和三九年には本丸の北西にあたる「御花畑山荘《おはなばたけさんそう》」跡に遊園地「伏見桃山城キャッスルランド」が開園し、模擬天守も建てられた。平成一五年の閉園後は京都市の運動公園に衣替えしたが、地元の要望もあって天守はそのまま残された。遠くから眺めると、本来の本丸の位置に再建されたと思うだろう。そういえば尾張清洲城の模擬天守も紛らわしい位置にあり、新幹線の車窓から眺めて「復元された天守」と思い込む人がいる。

立派過ぎる模擬天守

時代の推移とともに、伏見の地も新しく作り変えられていく。それでも発掘調査などで、失われた筈の歴史が思いがけなく甦ることがある。平成二七年、桃山町泰長老《たいちょうろう》の集合住宅敷地で発掘調査が行われ、指月伏見城のほぼ主郭に近い辺りの石垣列を検出、金箔を施した軒平瓦や桐紋の軒丸瓦が伴出して、指月城の存在とおよその規模が確かめられた。六月の現地説明会には二千人を上回る見学者が訪れ、関心の高さをうかがわせたという。秀吉は関西で人気がある。

発掘の行われた地点の字名を「泰長老」という。妙な名前だが、京都相国寺《しょうこくじ》の中興の祖「西笑《せいしょう》承兌《じょうたい》（「さいしょうしょうたい」とも）が木幡《こはた》伏見城時代に住んでいたことに因む。承兌は安土桃山時代から江戸初期にかけての臨済僧で、秀吉・家康の外交顧問として重用された人物。五山十刹《ござんじっさつ》を統括する鹿苑僧録《ろくおんそうろく》の地位にあって、対明交渉に深くかかわった。そういえばこの辺りの地名には、聞き覚えのある人名や国名が目に付く。

三河、下野、駿河、筑前台町にはじまり、板倉周防、福島大夫、長岡越中、井伊掃部東街、筒井伊賀東町、羽柴長吉東町、金森出雲、島津、正宗、治部少丸とつづき、城の北に五郎太《ごろうた》町という懐かしい名前が出て来た。尾張藩主の幼名で、初代義直から二代光友、三代綱誠《つななり》、四代吉通《よしみち》まで幼いとき五郎太と呼ばれた。五代の五郎太は、幼名のまま三歳で亡くなっている。ここ伏見の五郎太は初代義直公を指し、生母お亀の方は、石清水八幡宮神官の娘でここから近い大山崎の対岸である。家康はこの五郎太町に、お亀のために清涼院《せいりょういん》（伏見区深草大亀谷五郎太町）を建てた。家康の九男五郎太の誕生は慶長五年（一六〇〇）だから、その幼年期が家康の伏見在城の時期と重なる。

清涼院

おわりに

「歴史歩きシリーズ」は、名古屋城の北を走る『城北線　歴史歩き』（二〇〇七年）にはじまり、高蔵寺・瀬戸・豊田から岡崎にいたる『愛環鉄道　歴史歩き』（上・下、二〇〇九年）、江戸の下町情緒を取材した『スカイツリーの街　歴史歩き』（二〇一二年、以上「大巧社」刊）、第六二回の式年遷宮の年にあわせた『遠いむかしの伊勢まいり』（二〇一三年）、地震や噴火の天変地異を現代に比較した『元禄の光と翳』（二〇一四年）、そして前回の『尾張　名古屋の歴史歩き』（二〇一五年、以上「ゆいぽおと」刊）まで六冊、歴史の断片を落穂拾いしながら辿ってきた。すでに先学が発掘された事跡で、再び埋もれそうになっている遺跡や人物の表面を刷毛で掃い、もう一度光を当てる作業である。

昭和の時代には市橋鐸《たく》、尾崎久弥《ひさや》、山田秋衛《しゅうえい》、加賀樹芝朗《きしろう》、安藤直太郎、芥子《けし》川律治《かわりつじ》、水谷盛光《もりみつ》、岡本柳英《りゅうえい》、大野一英《いちえい》といった筋金入りの郷土史家が活躍されていて、いま語られている事象のほとんどは、彼等先学が触れられている。その博識ぶりは、到底太刀打ちできないから、ささやかな落穂拾いに精を出している。

「先人の仕事を学ばなければ、一行だって書き進むことはできない」と記したことがあるが、歴史とはそういうもので、今に伝えられた断片を検証しながら繋ぎ合わせていく作業である。これまでの長い年月のうち、天災や戦《いくさ》などで失われた「歴史（あるいは史料）」は、現存するものの何倍もある。遠いむかしのものはともかく、ひと時代前のものですら、伝承がすでに覚束なくなっている。取りあえず今は、書き留めることに精を出し、取捨選択は後の人にお任せする。

主要参考文献

第一章

『暦法及時法』（平山清次　恒星社　一九三三年）
『日本の時刻制度』（橋本万平　塙選書　一九六六年）
『江戸の時刻と時の鐘』（浦井祥子　岩田書院　二〇〇二年）
『鸚鵡籠中記』（『名古屋叢書続編』九～十一巻・名古屋市教育委員会　一九六五年）
『尾張名所図会』（岡田啓　小田切春江　天保一二年／大日本名所図会刊行会　一九一九年）
『続日本後紀』（新訂増補国史大系　吉川弘文館　一九六九年）
『時代風俗考証事典』（林美一《よしかず》　河出書房新社　一九七七年）
『時計のはなし』（平井澄夫　毎日新聞出版サービス　二〇〇一年）
『延喜式』（九〇五年藤原+時平ら編集／新訂増補国史大系　吉川弘文館　一九七二年）
『三正綜覧《さんせいそうらん》』（新・旧暦の対照表／内務省地理局　帝都出版社　一九三二年）
『江戸生活事典』（三田村鳶魚著　稲垣史生編　青蛙房　一九五九年）
『曾良旅日記』『曾良随行日記』（校本『芭蕉全集』六　富士見書房　一九八九年）
『嵯峨日記』（嵯峨の去来《きょらい》の別荘 落柿舎《らくししゃ》滞在中の日記／『松尾芭蕉集』 小学館　一九九七年）
『芭蕉書簡大成』（今栄蔵　角川書店　二〇〇五年）
『塩尻』（天野信景　國學院大學出版部　一九〇七年）
『張州府志《ちょうしゅうふし》』（名古屋史談会　一九一六年／復刻　愛知県郷土資料刊行会　一九七四年）
『新編名古屋市史』第一巻（名古屋市　一九九七年）
『新編名古屋市史』第二巻（名古屋市　一九九八年）
『新編名古屋市史』第三巻（名古屋市　一九九九年）
『緑区の歴史』（榊原邦彦　愛知県郷土資料刊行会　一九八四年）
『古代日本を発掘する1　飛鳥藤原の都』（木下正史　岩波書店　一九八五年）
『飛鳥・藤原の都を掘る』（吉川弘文館　一九九三年）
『飛鳥の水時計』（飛鳥資料館図録　一九八三年）

第二章

『江戸の放火』（永寿《えいじゅ》日郎《ひろう》　原書房　二〇〇七年）
『葉隠』（鍋島藩士山本常朝著　和辻哲郎校訂　岩波文庫全三冊　一九四一年）
『風俗江戸物語』（岡本綺堂　河出文庫　一九八六年）
『江戸から東京へ』（全九巻　矢田挿雲　中公文庫　一九七五年～）
『徳川実紀』（新訂増補『国史大系』一～一〇巻　吉川弘文館　一九二九年～）
『江戸・町づくし稿』（全四巻　岸井良衛　青蛙房　二〇〇三年～）
『日本随筆大成』（第三期第三巻　吉川弘文館　一九九六年～）
『江戸名所図会』（巻七　新訂『江戸名所図会』ちくま学芸文庫　一九九六年～）
『甲子夜話《かっしやわ》』（巻四三　松浦静山　平凡社東洋文庫　一九七七年～）
『泥棒づくし』（三田村鳶魚　河出文庫　一九八八年）
『尾藩世記』（阿部直輔著　一八七五年脱稿／『名古屋叢書三編』名古屋市教委　一九八七年）
『金府紀較抄《きんぷきこうしょう》』（慶長五～寛保三年の名古屋の記録　著者不詳／『名古屋叢書』第四巻　一九六二年）
『名古屋の火災記録集成』（名古屋市消防局　一九七三年）
『士林泝洄』（『名古屋叢書続編』一七～二〇　名古屋市教育委員会　一九六八年）
『日本語源大辞典』（前田富祺監修　小学館　二〇〇五年）
『金鱗《こんりん》九十九《つくも》之塵《のちり》』（『名古屋叢書』続編一三　一四　一九六五年）

『元禄《げんろく》世間《せけん》咄《ばなし》風聞集《ふうぶんしゅう》』（岩波文庫　一九九四年）
『江戸時代を「探検」する』（山本博文　新潮文庫　二〇〇五年）
『諸国武道容気（長崎遠目鏡）』（享保二年・一七一七／帝国文庫『珍本全集』一九二八年）
『日本の歴史元禄時代』（児玉幸多　中央公論社　一九七四年）
『尾府名古屋図』（江戸中期　名古屋市蓬左文庫蔵）
『尾府全図』（一八七〇年　鶴舞図書館蔵　『旧市史』付図一九八〇年）
『下街道』（歴史の道調査報告VI　愛知県教委　一九九〇年）
『愛知商売繁盛図会』（明治一〇〜二〇年代の商工業者名鑑／「マイタウン」一九八八年）
『片岡源五右衛門と名古屋』（箕形鉄太郎　一九一六年）
『昔咄』（近松茂矩〈彦之進〉著／「名古屋叢書」二四　一九六三年）
『義士銘銘伝』（飯尾精　大石神社社務所　一九七四年）
『足軽の生活』（笹間良彦　雄山閣出版　一九九一年）
『生きている名古屋の坂道』（岡本柳英　泰文堂　一九八八年）
『前津旧事誌』（山田秋衛　曾保津之舎　一九三五年）
旧版『名古屋市史』人物編一・二（名古屋市役所　一九三四年）
旧版『名古屋市史』地理編（名古屋市役所　一九一六年）
旧版『名古屋市史』政治編一・二（名古屋市役所　一九一六年）
旧版『名古屋市史』社寺編（名古屋市役所　一九一五年）
『すごろくI』（増川宏一　法政大学出版局　一九九五年）
『長谷雄雙紙』（『日本絵巻大成一一』中央公論社　一九七七年）
『寛延旧家集』（寛延三年　城下旧家の由緒書／『名古屋叢書』第一一巻　一九六三年）
『紅葉集』（『名古屋叢書』二四　雑纂編一　一九六三年）
『士林泝洄』続編（『名古屋叢書』三編四巻　一九八四年）
『江戸藩邸物語』（氏家幹人　中公新書　一九八八年）

第三章

『三王外記《さんのうがいき》』（著者、成立年不詳／東武野史　国会図書館電子図書一九八〇年）
『摘録鸚鵡籠中記』上・下（塚本学　岩波文庫　一九九五年）
『正事記《まさことのき》』（「しょうじき」とも　津田房勝　寛文五年頃／『名古屋叢書』二三　一九六四年）
『和漢三才図会』（寺島良安　正徳三年／平凡社東洋文庫一〜六　一九八五年）
『本朝食鑑』（平野必大　元禄八年／東洋文庫　平凡社　一九七六年）
『翁草《おきなぐさ》』（神沢貞幹〈杜口《とこう》〉一七九一年／歴史図書社『近世史料叢書』一九七〇年）
『和名類聚抄』（名古屋市博物館　一九九二年）
『源氏物語』（一〜五　岩波書店「日本古典文学大系」一九五八〜六三年）
『万葉集』（一〜七　岩波書店「日本古典文学大系」一九五七〜六二年）
『枕草子』（岩波書店「日本古典文学大系」一九五八年）
『風土記』（岩波書店「日本古典文学大系」一九五八年）
『日本書紀』上・下（岩波書店「日本古典文学大系　一九六七、六五年）
『本朝二十不孝』（井原西鶴　小学館「日本古典文学全集」六七、一九九六年）
『日本人とオオカミ』（来栖《くりす》健　雄山閣　二〇〇四年）
『絶滅した日本のオオカミ』（ブレット・ウォーカー　北海道大学出版会　二〇〇九年）
『オオカミを放つ』（丸山直樹ほか　白水社　二〇〇七年）
『ニホンオオカミは生きている』（西田智　二見書房　二〇〇七年）
『狼〜その生態と歴史〜』（平岩米吉　動物文学会　一九八一年）
『犬と狼』（平岩米吉　築地書館　一九九〇年）
『尾張名陽図会』（高力猿猴庵／名古屋史談会　一九四〇年／愛知県郷土資料刊行会　一九七一年復刻）
『ニホンオオカミの像』紹介パンフ（東吉野村役場　一九八七年）
「中日新聞」（二〇一六年一月九日　朝刊）
『生類憐みの世界』（根崎光男　江戸時代史叢書23　同成社　二〇〇六年）

大下　武（おおした　たけし）
一九四二年生まれ。早稲田大学文学部国史専修卒業。近代思想史専攻。愛知県立高校教諭を経て、春日井市教育委員会文化財課専門員として、一九九三年から二十年続いた「春日井シンポジウム」の企画、運営に携わる。現在、ＮＰＯ法人東海学センター理事。
東海学センターは、二十年つづいた春日井シンポジウムのあとを受け、民間で歴史シンポジウムの継続を担うために立ちあげられた法人組織。二〇一六年十一月十三日、第四回東海学シンポジウムに向けて準備中。
著書に『城北線　歴史歩き』『愛環鉄道　歴史歩き　上、下』『スカイツリーの街　歴史歩き』（大巧社）、『遠いむかしの伊勢まいり』『元禄の光と翳―朝日文左衛門の体験した「大変」―』『尾張名古屋の歴史歩き』（ゆいぽおと）。

装丁　三矢千穂

ゆいぽおとでは、
ふつうの人が暮らしのなかで、
少し立ち止まって考えてみたくなることを大切にします。
テーマとなるのは、たとえば、いのち、自然、こども、歴史など。
長く読み継いでいってほしいこと、
いま残さなければ時代の谷間に消えていってしまうことを、
本というかたちをとおして読者に伝えていきます。

朝日文左衛門と歩く名古屋のまち

２０１６年10月15日　初版第１刷　発行

著　者　大下　武
発行者　ゆいぽおと
〒４６１-０００１
名古屋市東区泉一丁目15-23
電話　０５２（９５５）８０４６
ファクシミリ　０５２（９５５）８０４７
http://www.yuiport.co.jp/
発行所　ＫＴＣ中央出版
〒１１１-００５１
東京都台東区蔵前二丁目14-14
印刷・製本　モリモト印刷株式会社

内容に関するお問い合わせ、ご注文などは、
すべて右記ゆいぽおとまでお願いします。
乱丁、落丁本はお取り替えいたします。

ISBN978-4-87758-459-7 C0026